# ELEUSINIA

## De quelques problèmes relatifs aux Mystères d'Eleusis

PAR

### LE COMTE GOBLET D'ALVIELLA

PROFESSEUR A L'UNIVERSITÉ DE BRUXELLES
MEMBRE DU SÉNAT ET DE L'ACADÉMIE ROYALE DE BELGIQUE

PARIS

ERNEST LEROUX, ÉDITEUR

28, RUE BONAPARTE (VIᵉ)

—

1903

# ELEUSINIA

ANGERS, IMP. ORIENTALE A. BURDIN ET Cⁱᵉ, RUE GARNIER, 4.

# ELEUSINIA

## De quelques problèmes relatifs aux Mystères d'Eleusis

PAR

## LE Comte GOBLET D'ALVIELLA

PROFESSEUR A L'UNIVERSITÉ DE BRUXELLES
MEMBRE DU SÉNAT ET DE L'ACADÉMIE ROYALE DE BELGIQUE

## PARIS
### ERNEST LEROUX, ÉDITEUR
28, RUE BONAPARTE (VIe)

1903

# PRÉFACE

L'objet de cet opuscule n'est pas de faire œuvre d'érudition ou de tenter une histoire complète des Mystères d'Éleusis. Ces Mystères, dont l'existence connue embrasse plus de dix siècles, ont subi, comme toutes les institutions, la loi du changement. Leur conservatisme s'est manifesté, non par une impénétrabilité, d'ailleurs irréalisable, au mouvement des idées ambiantes, mais par une tendance à maintenir les vieux rites, en y introduisant d'autres interprétations ou même en y superposant des procédés nouveaux. Je voudrais, — après les avoir envisagés dans leur plein développement à une époque où peut-être le respect de la foi jurée, voire la crainte des vengeances divines, leur garantissaient encore un secret que ne protégeaient plus les rigueurs de la législation athénienne, — faire la part des différents âges dans l'élaboration de leurs principaux facteurs ; revoir la question si controversée de leur portée philosophique et morale ou du moins établir quelques points de repère dans l'histoire de leurs rapports avec les grands systèmes de la philosophie grecque ; enfin examiner, une fois de plus, quelle a pu être leur action sur la formation de la liturgie chrétienne, lorsque celle-ci s'est constituée dans des milieux imprégnés par la culture hellénique.

Je ne me suis pas dissimulé les difficultés de la tâche. Cependant chacun de ces problèmes a suscité, dans ces dernières années surtout, tant d'études approfondies que l'heure semble propice pour tenter quelques vues d'ensemble. Tandis que les découvertes archéologiques ont développé les méthodes et, pour ainsi dire, renouvelé les sources de nos connaissances relatives à l'antiquité, une science nouvelle, l'ethnographie comparée a établi ses titres à intervenir dans l'explication des phénomènes généraux qui caractérisent l'évolution rudimentaire des institutions et des sociétés. Du rapprochement entre ces deux disciplines il m'a paru qu'il y avait, même ici, quelques conclusions à tirer, tout au moins dans les questions d'origines.

J'ai été ainsi amené à distinguer dans l'histoire des Mystères sept phases successives :

1° En des temps préhistoriques un groupe de familles éleusiniennes vouées au culte de Déméter et de Corè pratiquent des rites magiques pour assurer le succès de leurs récoltes.

2° Ces *sacra gentilicia* sont transformés en Mystères, après l'annexion d'Éleusis à Athènes, quand ils se font accessibles à des membres d'autres *géné*. Ils renfermaient : *a*) une initiation qui était censée renouveler la vie des néophytes et qui comprenait le passage dans un autre monde ; *b*) la célébration de rites traditionnels, parmi lesquels figure le « drame mystique ».

3° Au viii° siècle avant notre ère, la *ré-génération* des initiés devient non plus seulement la condition de l'admission aux Mystères, mais encore le but essentiel de leur célébration — et ses effets utiles sont reportés au-delà de la mort.

4° La division en grands et en petits Mystères marque une nouvelle étape dans l'organisation éleusinienne.

5° Vers la fin du v° siècle avant notre ère l'époptie se superpose aux grands Mystères. L'orphisme, qui s'implante alors à Éleusis, n'a certainement pas laissé à la porte les interprétations philosophiques et morales qui constituent l'essence de sa doctrine. Il fournit aux initiés une cosmogonie et une éthique, en même temps qu'il développe le rituel dans le sens des cérémonies propres au culte du Dionysos mystique.

6° Les Mystères, depuis l'époque où ils s'ouvrent au syncrétisme orphique jusqu'à leur disparition sous l'écroulement général du paganisme, reflètent successivement dans leur théodicée et dans leur eschatologie, les principaux systèmes de la pensée grecque qui reposent sur une conception panthéistique du monde.

7° Cependant le christianisme lui-même emprunte la forme des Mystères et le cérémonial d'Éleusis se perpétue dans certains rites de l'Église victorieuse.

Est-il nécessaire d'ajouter qu'en traitant cette dernière question par une méthode rigoureusement objective, je n'ai entretenu aucune préoccupation de polémique religieuse. Les solutions, auxquelles on arrive concernant la provenance des formes que l'Église a mises au service de ses doctrines, restent indépendantes du point de savoir si ces doctrines sont fondées et même si ces formes sont celles qui répondent le mieux à leur destination. Parlant des cérémonies du mariage, Mgr. Duchesne écrit dans ses *Origines du culte chrétien* que tout le rite nuptial des Romains, en dehors de ce qui a un caractère nettement païen, comme l'aruspicine et les sacrifices, a été conservé dans la liturgie de l'Église : « Cette sélection, ajoute-t-il, n'est pas isolée. Essentiellement conservatrice en ce genre de choses, l'Église ne modifiait que ce qui était incompatible avec ses croyances[1] ». — J'ai déjà eu, dans un autre ouvrage, l'occasion de montrer qu'il en était, à cet égard, des symboles, comme des rites[2]. Que sont, du reste, les rites, en dehors de la signification sacramentelle qu'ils peuvent revêtir, sinon des symboles en action ?

1) L. Duchesne, *Origines du culte chrétien*, 2e édit., Paris, 1898, p. 419. — Voir aussi, à propos du cierge pascal, même ouvrage, p. 241.

2) *La Migration des Symboles*. Paris, Leroux, 1891.

# DE QUELQUES PROBLÈMES



# AUX MYSTÈRES D'ÉLEUSIS

## CHAPITRE PREMIER

### UNE INITIATION A ÉLEUSIS DANS LES PREMIERS SIÈCLES DE NOTRE ÈRE

La législation athénienne punissait de mort aussi bien les curieux qui cherchaient indûment à pénétrer les mystères d'Éleusis, que les indiscrets qui les livraient aux profanes. Les historiens attestent que cette prescription ne fut jamais lettre morte. Cependant le secret n'a pas été si bien gardé qu'on ne puisse soulever aujourd'hui quelques plis du voile. Les informations éparses dans les auteurs païens, les dénonciations formulées par les Pères de l'Église, un petit nombre de monuments échappés au naufrage de la culture antique; enfin, le résultat des fouilles méthodiquement poursuivies à Éleusis par les archéologues de notre temps, ont suggéré des essais de restitution, — qu'on peut tenir pour approximativement exacts, — à des érudits tels que Sainte-Croix, Lobeck, Guigniaut, Preller, Alfred Maury, Aug. Mommsen et surtout, dans la dernière décade, François Lenormant et Paul Foucart. C'est en m'inspirant de leurs travaux que je voudrais évoquer brièvement le fonctionnement de cette institution, la plus féconde, selon Cicéron, de toutes celles qu'Athènes a engendrées pour conduire les hommes d'un état rude et barbare à la culture supérieure de l'humanité[1].

## Les petits Mystères.

L'initiation complète aux Mystères d'Éleusis, dans la période de leur plein développement, comportait trois degrés : les petits Mystères, les grands Mystères et l'Époptie. Bien que ces Mystères aient toujours été, à Athènes, une institution d'État, les pouvoirs publics intervenaient seulement dans leur administration matérielle. Leurs cérémonies étaient exclusivement réglées par deux familles locales : les Eumolpides et les Kéryces, qui occupaient ce sacerdoce au commencement de la période historique et qui s'y perpétuèrent jusqu'à la fin du paganisme. Combien existe-t-il aujourd'hui de familles qui pourraient produire une telle continuité de fonctions ou même se prévaloir d'une généalogie tant de fois séculaire ?

Il fallait avoir passé par les petits Mystères pour être admis aux grands. Les premiers se célébraient à la fin de l'hiver, dans le mois d'Anthestérion, immédiatement après les Anthestéries ou fêtes des fleurs, instituées en l'honneur de Déméter et de Dionysos ; les seconds, en septembre, au mois de Boédromion, entre la moisson et les semailles. Néanmoins, quand on vint de tout le monde gréco-latin chercher l'initiation à Éleusis, l'usage s'introduisit de donner, à la fin de l'été, une seconde édition des petits Mystères, afin d'éviter aux néophytes deux déplacements successifs[2]. On fit même mieux, lorsque Démétrius Poliorcète, après avoir battu les forces de Ptolémée, demanda aux Athéniens d'être initié, sans intervalle, aux trois degrés. C'était en

---

1) *De legibus*, liv. II, chap. XIV, § 36.

2) Ἐφημερὶς ἀρχαιολογική, organe de la Société archéologique d'Athènes, année 1887, p. 185.

plein printemps, au mois de Munychion. Comme les Athéniens n'osaient rien refuser au prince macédonien, ils votèrent un décret, statuant que ce mois porterait successivement le nom d'Anthestérion et de Boédromion; après quoi, un nouveau décret rétablit le calendrier dans son cours normal[1].

Chose étrange, c'est sur les petits Mystères que nous possédons le moins de renseignements. On les appelait parfois Mystères d'Agra, parce qu'ils se célébraient, non à Éleusis, mais à Athènes, dans le faubourg d'Agra. Ils étaient accessibles aux enfants et même aux barbares. On racontait qu'ils avaient été institués pour permettre d'étendre le bénéfice de l'initiation à un héros exclu des grands Mystères par sa condition d'étranger — Héraclès en personne.

Une allusion à cette cérémonie se retrouve peut-être sur un vase peint qui représente le fils d'Alcmène en compagnie des divinités éleusiniennes. Au centre siège Déméter, le calathos sur la tête. A sa droite, Aphrodite est assise avec Eros à ses pieds. A sa gauche, Perséphonè debout tient un flambeau, et le jeune Iacchos manie une corne d'abondance. En arrière de ces divinités, un prêtre, vêtu d'une tunique courte à la mode thrace, agite deux torches. A l'arrière-plan, Triptolème apparaît sur son char, entre Dionysos muni de son thyrse et Héraclès armé de sa massue. Sur le devant, une femme — peut-être une initiée — est assise dans une attitude de contemplation[2].

Ce tableau ne nous éclaire guère sur les épisodes de l'initiation. Il se borne à nous en montrer les principaux personnages et semble se rapporter à une cérémonie nocturne.

Tout ce que nous apprennent les brèves allusions de certains auteurs antiques, c'est que les petits Mystères compor-

1) Plutarque, *Vita Demetrii*, t. I, chap. XXVI.
2) Reproduit par Lenormant, dans le *Dictionnaire* de Daremberg et Saglio, t. II, première partie, fig. 2630. L'initiation d'Héraclès est également figurée sur un grand cotyle du Musée de Bruxelles (Catalogue, Collection de Somzée, n° 45).

taient surtout des sacrifices et des purifications, notamment une lustration dans l'Ilissos; et qu'ils étaient en rapport avec le culte de Dionysos, aussi bien qu'avec celui de Déméter[1].

Divers monuments nous montrent comment se passaient ces purifications. Le néophyte, dépouillé de ses vêtements, posait le pied gauche sur la dépouille (Κώδιον) d'un animal offert en sacrifice, — le plus souvent un bélier, — et on lui versait de l'eau lustrale sur la tête[2]. Ou encore, il s'asseyait sur un siège, la tête couverte d'un voile épais, et une prêtresse l'éventait avec une sorte de soufflet : le *van* mystique[3].

Suivant Clément d'Alexandrie, les néophytes recevaient aussi dans les petits Mystères certaines instructions qui les préparaient aux grands[4]. Dès lors, ils portaient le titre de mystes.


### Préliminaires des grands Mystères.


Les grands Mystères s'ouvraient le 13 Boédromion, par le départ des éphèbes; qui, sous le commandement de leur cosmète, s'en allaient chercher à Éleusis les *hiéra* ou objets sacrés dont la garde était confiée à l'hiérophante (ὁ ἱερὰ φαίνων, celui qui montre les choses sacrées). Le retour se faisait le lendemain, avec les *hiéra* portés sur un char et accompagnés de l'hiérophante. Comme le cortège s'approchait d'Athènes, la populace, le visage couvert de masques, se portait à sa rencontre jusqu'au pont du Céphise athénien. Là se produisait entre les deux troupes un échange d'invectives et de plaisanteries grossières, qui, connu sous le nom de géphy-

---

1) Étienne de Byzance dit que les petits Mystères étaient une représentation de la destinée de Dionysos ('Εθικά, au mot Ἄγρα, p. 20 de l'éd. Meineke).

2) B^on de Witte, *L'Expiation de Thésée* dans la *Gazette archéologique*, 1884, t. IX, p. 353.

3) Lovatelli, *Un vaso cinerario*, dans le *Bullet. della Commis. archæolog. commun.*, 1897, pl. 2-3.

4) *Stromata*, liv. V, p. 689 de l'éd. Potter.

rismes, — d'après le sanctuaire que les Géphyréens possédaient aux environs, — a peut-être contribué, autant que les mascarades des Lénées dionysiaques, à la formation de la comédie attique [1]. Les objets sacrés étaient ensuite déposés dans un sanctuaire qui, bâti sous l'Acropole, portait le nom d'Éleusinion [2].

Le 15, les néophytes des deux sexes se rassemblent au portique Pécile, chaque groupe sous la conduite de l'Eumolpide ou du Kéryce qui lui servait de mystagogue. Les esprits sont surexcités par l'attente des révélations. On crie, on se bouscule même quelque peu, malgré les efforts des Kéryces qui, sous la direction de l'archonte-roi, font la police de la réunion. Il ne faut pas oublier que le personnel des bacchanales est de la fête et que l'orgie y côtoiera parfois la dévotion. Mais voici qu'arrive la troupe des prêtres, et sur un geste de l'hiérophante, un silence religieux remplace le tumulte [3].

L'hiérophante est un Eumolpide d'âge et d'expérience qui doit posséder non seulement une parfaite connaissance des rites, mais encore, comme l'indique le nom même d'Eu-molpos (qui chante bien), une voix suffisamment modulée pour réciter dans le ton voulu les hymnes aux deux Déesses. A ses côtés se tient le dadouque ou porte-flambeau (δᾳδοῦχος), qui règle avec lui les détails de l'initiation. Tous deux sont drapés dans une robe de pourpre; couronnés de myrte, ils portent, en outre, le diadème qui, à la bataille de Marathon, fut pris par les soldats perses pour un insigne royal. Telle est la sainteté de ces personnages que, dans les derniers

---

1) Suivant Aug. Mommsen, cette scène se passait le 15 Boédromion, quand la grande procession se rendait à Éleusis (*Feste der Stadt Athen*, p. 227, note 3). Selon Lenormant, elle avait lieu, au retour des initiés, après les initiations. M. Foucart a produit de fortes raisons pour établir qu'elle devait coïncider avec l'arrivée des *hiéra* (*Recherches sur les Mystères d'Éleusis*, deuxième mémoire, p. 105).

2) Le savant commentateur de Pausanias, M. G. Frazer, suggère que l'Éleusinion d'Athènes pourrait bien avoir été une enceinte renfermant les temples de Déméter, de Coré et de Triptolème. *Pausanias.* Londres, 1898, t. III, p. 119.

3) Plutarque, *De profectibus in virtute*, éd. Didot, p. 97.

siècles des Mystères, on ne pouvait plus les désigner par leur nom propre. Ils n'étaient plus que l'hiérophante et le dadouque. Viennent ensuite les deux hiérophantides qui s'occupent des initiées de leur sexe, et probablement la prêtresse de Déméter, spécialement vouée au culte de la Déesse [1]; le héraut sacré (*hiérocéryx*), sorte de maître des cérémonies qui dirige les mouvements des initiés; — l'*épibomios*, dont la mission consiste à préparer les autels; — enfin toute une théorie de prêtres secondaires, qui ont chacun leurs insignes particuliers et leurs fonctions déterminées.

« Ya-t-il dans l'assistance quelqu'un qui n'ait pas les mains propres? Y a-t-il quelqu'un qui ne possède pas une voix intelligible [2]? Y a-t-il quelqu'un qui se soit rendu coupable de meurtre, de sacrilège ou qui s'adonne aux arts de la magie? Qu'il se retire ! »

Après cette apostrophe, par laquelle l'hiérophante ouvrait les grands Mystères, il y avait sans doute une légère pause; puis, l'hiérophante ou le dadouque exposait le programme de

---

1) C'est bien cette prêtresse que doit représenter le motif principal d'une élégante cylix à fond noir et à figures rouges, probablement du v<sup>e</sup> siècle, qui se trouve — encore inédite, je crois — dans la collection Hirsch, au Cabinet royal de numismatique de Bruxelles. Portant sur sa tête fine et gracieuse une couronne à fleurons qui semble dérivée du calathos, elle tend de la main droite, au-dessus d'un autel, trois longs épis juxtaposés. A côté de cette scène est peint le mot Δήμητρος [ἱερεία]. — M. Foucart donne d'intéressants renseignements (deuxième mémoire, pp. 68-71) sur cette prêtresse, qui marchait de pair avec l'hiérophante et qui peut-être représente une forme plus ancienne du culte d'Éleusis, celui où Déméter était exclusivement vénérée comme la protectrice de l'agriculture. Nommée à vie, elle n'était plus désignée que par son titre. Elle présidait seule à certaines fêtes en l'honneur de la Déesse, et vers 378 avant notre ère, l'hiérophante Callias fut condamné, comme coupable d'impiété, par le tribunal des Héliastes, pour s'être permis de sacrifier une victime dont l'immolation rentrait dans les attributions de la prêtresse.

2) Ὅστις φωνὴν ἀξύνετος. Libanius soutient que cette exclusion vise ceux qui ne parleraient pas le grec (*Orationes*, Κορινθίων λόγος, t. IV, éd. Reiske, p. 356). Suivant M. P. Foucart, elle concernerait ceux qui, par suite d'un défaut physique, seraient incapables de répéter les formules de l'initiation avec les modulations prescrites (*Recherches sur l'origine et la nature des Mystères d'Éleusis*, premier mémoire. Paris, 1895, p. 33).

la cérémonie et insistait sur les formalités à accomplir par les néophytes. — Chaque mystagogue développait ces instructions aux néophytes de son groupe. Ceux-ci avaient à établir qu'ils avaient passé par les petits Mystères et acquitté les droits d'initiation dus aux prêtres; ils devaient s'engager à observer le secret; à pratiquer certains jeûnes et, en outre, à s'abstenir, pendant toute la durée des cérémonies, de quelques aliments prohibés, tels que des fèves, des grenades et même du poisson.

Le 16, les mystes, revêtus simplement d'une peau de faon, se rendaient sur le bord de la mer. — Chacun amène avec soi le petit cochon qu'il offrira ensuite à Déméter. La cérémonie est dirigée par des *hydranoi* ou prêtres lustrateurs. Tout à coup retentit le cri : Ἅλαδε μύσται. « A la mer les mystes! » Et ceux-ci de se plonger frénétiquement dans l'eau salée, sans lâcher leur compagnon à quatre pattes, qui y apporte sans doute moins d'enthousiasme[1].

L'après-midi se célèbre, à l'Éleusinion, un sacrifice expiatoire, appelé *sotérion*, « sauveur », où Déméter était invoquée pour la Boulè et pour le peuple; puis chaque myste immole son cochon sur de petits autels temporaires, élevés dans l'enceinte du sanctuaire. Quand la victime était égorgée et cuite, on brûlait les cuisses à l'intention de la Déesse; le reste était emporté et mangé par les donateurs[2]. Il ne faut donc pas s'étonner si Aristophane fait dire par un personnage des *Grenouilles*, Xanthias, à l'approche d'une troupe d'initiés : « O auguste et très vénérée fille de Déméter, quel suave fumet de rôti de porc[3]! »

Le 17, les mystes font des offrandes de fleurs à Dionysos, et, le soir venu, participent à une veillée en l'honneur d'Asclépios, le dieu guérisseur d'Épidaure. Le 18, au matin, on

---

1) Il arriva qu'au cours de cette opération, des mystes furent enlevés ou mutilés par des requins. On y voyait naturellement un sinistre présage.

2) Un bas-relief provenant d'Éleusis montre une famille faisant le sacrifice du porc aux grandes Déesses (Panofka, *Antiquités du cabinet Pourtalès*, pl. XVIII).

3) Aristophane, éd. Didot, *Ranæ*, v. 338.

se réunit de nouveau devant l'Éleusinion pour transporter les images des deux Déesses au temple d'Asclépios où se célèbrent les Épidauries. Il y avait là une reproduction abrégée des formalités précédentes, à l'intention des retardataires qui n'avaient pu arriver pour l'ouverture des fêtes. Les Grecs, suivant leur habitude, expliquaient cet usage par un mythe : Asclépios, voulant se faire initier, serait arrivé en retard et l'on aurait institué les Épidauries pour ne pas devoir recommencer tous les préliminaires de l'initiation. Il est à remarquer qu'Asclépios est descendu aux enfers, comme Perséphonè et Dionysos. A ce titre, on ne peut être surpris qu'il trouve place parmi les divinités éleusiniennes.

### La procession d'Éleusis.

Le départ du pèlerinage pour Éleusis était fixé au 19. La procession s'organisait devant l'Éleusinion, soit, sous l'Empire, dans le Pompéion, où, d'après Pausanias, se formaient les principales pompes religieuses [1]. En tête se tient l'Iacchagogos, le conducteur d'Iacchos, précédant la statue du jeune dieu. Iacchos, figuré sous les traits d'un enfant couronné de myrte, une torche à la main, semble avoir été, à l'origine, un génie local, — suivant Strabon, « un démon ou un serviteur de Déméter [2] », — plus tard assimilé à Dionysos enfant. Le syncrétisme orphique le rapprocha de Dionysos Zagreus, dont les Crétois célébraient la légende digne des temps anthropophagiques : Fils de Zeus et de Déméter, il avait été attiré dans un piège, au moyen de jouets, par les Titans qu'incitait la jalousie d'Héra. Ces monstres l'avaient dépecé, massacré et dévoré à l'exception du cœur, que Pallas rapporta à Zeus. Celui-ci rendit la vie à l'enfant ; après quoi il foudroya ses meurtriers [3].

1) Pausanias, I, 2, 4.
2) Strabon, *Géographie*, chap. III, § 10, éd. Didot, p. 402.
3) Decharme, *Mythologie de la Grèce antique*. Paris, 1886, p. 468.

Aux côtés du dieu marchent deux prêtresses, dont l'une figure sa nourrice. Des prêtres portent, dans des sacs d'étoffe précieuse, ses jouets traditionnels, dont Clément d'Alexandrie nous a laissé la description : des osselets, un ballon, une pomme, un miroir, une toupie et une poupée[1]. D'autres *hiéra* sont enfermés dans des cystes qu'entourent des bandelettes de pourpre. Un char s'avance traîné par quatre chevaux blancs ; il contient la haute corbeille du calathos où se dressent des gerbes d'épis. Le reste des prémices, qui devaient être fournies non seulement par les habitants de l'Attique, mais encore par tous les alliés d'Athènes, est disposé dans des jarres que portent sur la tête des prêtresses vêtues de blanc : les Kernophores.

Voici l'hiéraulès ou chef de la musique sacrée qui dirige, en jouant de la flûte, des théories d'hymnodoï et d'hymnêtriaï. On exécute, en l'honneur d'Iacchos, des chœurs qu'Aristophane reproduit ou imite de la sorte dans sa comédie des *Grenouilles* : « Iacchos, dieu vénéré, accours à notre voix... Agite les torches ardentes et ravive leur éclat, Iacchos, ô Iacchos, astre brillant des mystères nocturnes. La prairie étincelle de mille feux ; les vieillards secouent le poids des soucis et des longues années ; ils retrouvent un jarret d'acier pour s'unir à tes chœurs sacrés, et toi, bienheureux, une torche à la main, guide vers cet humide tapis de fleurs les danses de la jeunesse[2]. »

D'après un passage de Sophocle, les images de Dionysos, de Déméter et de Perséphonè — ou plutôt de Corè, comme cette déesse se nomme dans la tradition éleusinienne, — figuraient également dans la procession[3]. A l'arrière se pressaient, s'il faut en juger par ce qui se passait dans les autres panégyries, les animaux destinés aux sacrifices. Enfin, les mystes, une torche à la main, fermaient le cortège

---

1) *Protreptique*, II, éd. Potter, p. 15.
2) Aristophane, *Ranæ*, v. 324 et suiv., éd. Didot.
3) Leconte de Lisle, *Sophocle*. Paris, 1877, p. 179.

avec une grande partie de la population d'Athènes[1].

La longue panégyrie, qui a quelque vingt kilomètres à franchir, est sortie d'Athènes par la porte Dipyle. Escortée des éphèbes qui, armés de la lance et du bouclier, portent la chlamyde blanche qu'ils durent un jour à la générosité d'Hérode Atticus[2], elle prend la route d'Éleusis, en faisant des stations plus ou moins prolongées devant quelques-unes des nombreuses chapelles qui ont valu à cette voie la dénomination de sacrée[3].

La route suivait à peu près le tracé de la voie moderne qui conduit au village de Lefsina, humble héritier de l'antique Éleusis. Les monuments y abondaient, surtout dans les premiers kilomètres du parcours. C'étaient des édicules funèbres à la mémoire de personnages réels ou légendaires, héros, devins, ambassadeurs, artistes, matrones illustres et même une courtisane, Pythonice. Son amant, un lieutenant d'Alexandre, Harpalos, resté en Grèce pour garder les trésors du maître, lui avait fait élever, au point culminant de la route, ce tombeau, plus coûteux qu'artistique, s'il faut en croire Plutarque. Il y avait aussi de nombreux sanctuaires destinés à rappeler les aventures ou les bienfaits des dieux, comme le temple consacré collectivement à Déméter, Corè, Poseidon et Athéné, près de l'endroit où Phytalos planta le premier figuier, présent de la déesse à la recherche de sa fille; — l'édicule de Zeus Indulgent (Μειλίχιος), où Thésée se fit purifier pour avoir mis à mort les brigands qui désolaient l'Attique, entre autres, son parent Sinis; — le temple d'Iacchos aux fèves, Κυαμίτης, qui avait engendré les fèves de son sang versé

---

1) Un bas-relief trouvé à Éleusis et reproduit par Spon dans le tome II de son *Voyage d'Italie et du Levant*, représente une longue théorie de mystes défilant la torche à la main. Lyon, 1678, t. II, p. 283.

2) Philostrate, *Vitœ Sophistarum*, II, 1, 8, éd. Westermann, p. 227.

3) La voie sacrée, ἱερὰ ὁδός, décrite par Pausanias (1, 36, 3 et suiv.), a été de nos jours l'objet de plusieurs monographies archéologiques dont les principales sont celles de Preller (*De via sacra Eleusinia. Ausgewählte Aufsätze.* Berlin, 1864) et de Fr. Lenormant (*Monographie de la voie sacrée éleusinienne*, t. I, Paris, 1864).

par les Titans. Partout on exécute des danses en l'honneur
de la divinité locale; on entonne des dithyrambes et des
péans; on procède à des offrandes et à des libations.

   La procession a franchi le Céphise par le pont où se place
la scène des Géphyrismes : elle a laissé derrière elle le bois
d'oliviers, encore existant aujourd'hui, où, suivant la description de Sophocle, « de nombreux rossignols dans de
fraîches vallées répandent leurs plaintes harmonieuses, sous
le feuillage de la forêt, inaccessible aux rayons du soleil
comme aux souffles de l'hiver, où l'orgiaque Dionysos se
promène entouré des déesses nourricières[1] ». — Cependant
des landes arides ont succédé aux bosquets ombragés et aux
riches cultures. Le cortège s'élève graduellement sur les
pentes du mont Corydallos, cette sentinelle avancée du
Parnès, qui ferme dans cette direction la baie d'Athènes;
tandis qu'à l'orient, par-dessus la sombre verdure des oliviers,
les marbres neigeux du Parthénon, teints en rose par les
derniers rayons de soleil, découpent leurs lignes harmonieuses sur le fond purpurin des montagnes de l'Hymette.
Mais bientôt ce tableau féerique disparaît aux yeux, et la
route s'engage dans la passe dénudée où le monastère de
Daphné a remplacé le temple d'Apollon. A l'autre extrémité
du défilé se dresse un sanctuaire d'Aphrodite; puis la descente se poursuit jusqu'au bord de la mer, où l'on tourne à
droite pour suivre désormais le rivage de la baie d'Éleusis.

   On atteint ainsi les deux étangs d'eau saumâtre, les Rhei-
toi, consacrés l'un à Corè, l'autre à Déméter. Les mystes s'y
arrêtent pour procéder à de nouvelles lustrations. Au moment
où ils franchissent l'ancienne frontière du royaume d'Éleusis,
ils rencontrent les représentants d'une vieille famille locale,
les Croconides ou descendants du légendaire Crocon, qui
leur attachent au poignet gauche et à la cheville droite des
bandelettes jaunes, en vue d'écarter le mauvais œil. Ensuite
ils traversent le Céphise éleusinien, près de l'endroit dit

----

1) Leconte de Lisle, *Sophocle,* p. 179.

Érinéos, où la tradition place l'enlèvement de Corè, aux abords de ces champs rhariens où poussèrent les premières moissons de l'Attique.

Entre temps, le soir est venu et les édifices sacrés d'Éleusis, brillamment illuminés, se dessinent en traits de feu sur l'horizon nocturne.

L'exaltation redouble, peut-être activée, depuis le coucher du soleil, par de nombreuses libations en l'honneur du dieu de la vigne[1]. L'enthousiasme va toucher au délire. Les mystes agitent leurs torches, forment des rondes échevelées qu'accompagne le bruit des cymbales, et c'est au cri mille fois répété de *Iacchos! ô Iacchos!* que la foule s'engouffre dans les murs d'Éleusis, sous les reflets vacillants des deux immenses torchères dressées devant le temple de Triptolème[2]. C'est une de ces scènes qu'on retrouve encore, avec leur pompe barbare et leurs transports orgiaques, à Jagannath, à Bénarès, à Candy, à Bankok, parmi les survivances des vieux cultes de l'Orient[3].

Ici se termine la partie publique de la cérémonie. Le cortège des prêtres franchit seul la double enceinte du sanctuaire où l'hiérophante va déposer dans le mégaron les objets sacrés. Quant aux mystes, ils prennent leurs quartiers dans la ville, à moins qu'ils ne logent, comme à Olympie, dans des tentes de feuillages ou des baraquements temporaires. Cette préoccupation était, au reste, d'ordre secondaire dans le tiède automne de l'Attique.

### Les Veillées saintes.

Le 20, les néophytes passaient les Propylées qui comman-

[1] Si, comme le supposent certains auteurs, les mystes devaient respecter les prescriptions du jeûne, celui-ci, de même que le *ramadan*, n'était imposé qu'entre le lever et le coucher du soleil : on se rattrapait le soir venu (Cf. Ovide, *Fastes*, IV, 535).

[2] Ces torchères ont été retrouvées en place de nos jours (*Revue générale de l'architecture*. Paris, 1868, p. 13).

[3] Cf. Goblet d'Alviella, *Inde et Himalaya*, 2ᵉ éd., p. 94.

daient l'entrée principale de l'Éleusinion, pour assister au sacrifice solennel en l'honneur de toutes les divinités locales.

Des chèvres, des béliers, des porcs, des bœufs étaient immolés, en nombre strictement fixé par les précédents, sur le grand autel dont la frise sculptée présentait l'image des principaux symboles éleusiniens[1]. On offrait aussi à Déméter du blé, de l'orge, des gâteaux fabriqués avec les céréales récoltées dans les champs rhariens.

A la soirée, commençaient les Veillées saintes ou Nuits mystiques[2]. Elles étaient probablement au nombre de trois. Sans être à même d'en reconstituer exactement la distribution, on est parvenu à en connaître les principaux épisodes : la transmission des symboles, la visite des Enfers, la représentation du drame mystique.

Un des soirs, les mystes s'en allaient, la torche en main, à la recherche de Corè, dans les lieux consacrés qui marquaient les *stations* douloureuses de Déméter ; les uns situés, comme l'Érinéos, aux abords de la ville ; les autres, près des Propylées, comme le puits Callichoros, où les femmes du pays exécutèrent le premier chœur en l'honneur de Déméter[3], ou encore dans l'intérieur de l'enceinte, comme la Pierre triste, où la Déesse s'assit dans sa fatigue et son découragement. C'était la soirée que Fulgence nomme le *dies lampadarum*[4], la première des Veillées saintes.

La transmission des objets sacrés, la παράδοσις τῶν ἱερῶν, avait lieu devant le *mégaron* où l'hiérophante seul avait le droit de pénétrer. Ce saint des saints formait sans doute une sorte de réduit aménagé dans le télestérion ou palais des

1) *Revue générale de l'architecture*, 1868, p. 149.
2) Παννυχίδες, Aristophane, *Runœ*, 370. — Νύκτες μυστικαί, Sopater, Διαίρεσις ζητήματων, éd. Walz, t. VIII, p. 121.
3) Ce puits, qui a été retrouvé, il y a une dizaine d'années, est construit en pierres polygonales ; la bouche est entourée de cercles concentriques qui marquent sans doute les circuits décrits par les chœurs (*Bull. de corresp. hellén.*, t. XVII, (1893, p. 196).
4) *Mythologiae*, I, 10, *Auct. mythogr. lat.*, éd. Van Staveren. Amsterdam, 1642, t. II, p. 636.

initiations. Les portes, largement ouvertes, montraient les symboles éclairés par une vive lumière. Peut-être les initiés défilaient-ils devant l'entrée ; toutefois il est également possible que l'exhibition se fît, une des soirées suivantes, devant les mystes groupés au cours ou même à la fin des représentations. Un vase du Musée de Naples montre des initiés assis sous les arbres de l'enceinte sacrée ou *péribole*[1]. Un prêtre ou un mystagogue leur tend une coupe qu'il remplit à l'aide d'une outre. A côté repose, sur le sol, une ciste renfermant des gâteaux. Cette espèce de communion, par laquelle les mystes rompaient le jeûne, commémorait l'offrande du cycéon à Déméter. Elle se terminait par la communication de la formule qui servait de mot de passe aux initiés des grands Mystères : « J'ai jeûné, j'ai bu le cycéon ; j'ai pris dans la ciste et, après avoir pris dans la ciste, j'ai déposé dans le calathos ; j'ai repris dans le calathos et remis dans la ciste[2]. »

Les spectacles proprement dits se passaient dans le télestérion[3]. Cet édifice, un des plus vastes de la Grèce, tenait à la fois du temple et du théâtre. Adossé aux rochers de l'acropole, il couvrait plus de 2.700 mètres carrés et pouvait recevoir environ trois mille spectateurs. L'intérieur comprenait un amphithéâtre où huit rangées de gradins entouraient la scène. Le toit, qui livrait passage à la lumière par une large baie (ὄπαιον), était supporté par sept rangées parallèles de six colonnes. Outre les deux portes d'entrée, qui donnaient sur

---

1) Daremberg et Saglio, t. II, 1re partie, fig. 2637. Devant les deux personnages est inscrit le mot ΜΥΣΤΑ.

2) Clément d'Alexandrie, *Protreptique*, éd. Potter, p. 18. — Arnobe, *Adversus gentes*, V, 26, éd. Rigaltius, p. 77.

3) Les premières fouilles méthodiques sur l'emplacement du télestérion furent entreprises au commencement du xixe siècle par des architectes anglais, pour le compte de la société florentine les *Dilettanti*. Elles furent reprises en 1860 par François Lenormant, qui en a publié les résultats dans ses *Recherches archéologiques à Éleusis* (Paris, 1862) ainsi que dans la *Revue générale d'architecture* (années 1868 et 1870). Enfin l'exploration fut achevée, de 1882 à 1887, par la Société archéologique grecque d'Athènes (Ἐφήμερις ἀρχαιολογική, années 1883-1888).

le péristyle, il y avait, sur chaque face latérale, deux couloirs, sans doute pour faciliter l'entrée et la sortie des acteurs[1].

C'étaient les prêtres et prêtresses qui formaient le personnel de la troupe. Nous savons qu'au temps de Porphyre, l'hiérophante tenait l'emploi du Démiourge, organisateur de l'univers ; le dadouque, celui d'Hélios ; l'épibomios, celui de Séléné ; l'hiérocéryx, celui d'Hermès, conducteur des âmes[2]. Déméter était représentée par sa prêtresse[3]. Il y avait aussi des apparitions de personnages plus grands que nature, des monstres et diverses variétés d'êtres fantastiques. Platon dit que les apparitions dans les Champs-Élysées seront supérieures même à celles d'Éleusis, entières, claires et immuables[4]. François Lenormant en conclut assez ingénieusement qu'à Éleusis, elles restaient dans la pénombre, qu'elles étaient difficiles à saisir et qu'elles disparaissaient rapidement[5].

Les spectacles prenaient la seconde et la troisième des soirées saintes — probablement le 22 et le 23[6]. L'une d'elles était consacrée à la représentation de la légende de Déméter, — au « drame mystique », selon l'expression de Clément d'Alexandrie — ; l'autre à la visite des Enfers et des Champs-Élysées.

---

1) Voir l'excellent petit guide : *Eleusis, ses mystères, ses ruines et son musée,* par M. Démétrios Philios, directeur des fouilles. Athènes, 1896, pp. 55 et suiv.

2) Eusèbe, *Praeparatio Evangelica,* t. III, 12, éd. Vigerus, p. 116.

3) Tertullien, *Ad Nationes,* II, 7, éd. Rigaltius, p. 57.

4) *Phædros,* 250 C.

5) Daremberg et Saglio, t. II, p. 576.

6) Auguste Mommsen est également d'avis que les veillées saintes prenaient trois soirées successives, *Feste der Stadt Athen.* Leipzig, 1898, p. 245.

### La visite de l'autre monde.

« Au moment de la mort, écrit Plutarque, l'âme éprouve une impression analogue à celle qu'on ressent dans l'initiation aux Mystères. C'est d'abord une marche au hasard avec de pénibles circuits au sein de l'obscurité, sur une route sans fin. Avant d'atteindre le terme, la frayeur est au comble, on frissonne, on tremble d'épouvante, une sueur froide vous glace. Mais, ensuite, une lumière merveilleuse éclate à vos regards; on est transporté dans des lieux de délice et des prairies, d'où surgissent des chants et des danses, où l'on entend des paroles sacrées; où l'on assiste à de mystiques apparitions[1]. »

Lorsqu'en 1814, les archéologues anglais exécutèrent les premières fouilles dans les ruines d'Éleusis, ils crurent découvrir les vestiges d'une large crypte sous le télestérion. On s'empressa de conclure qu'elle avait servi à la représentation du monde infernal. Commes les recherches ultérieures démentirent l'existence de ce souterrain, une réaction se fit dans l'opinion des savants et nombre d'érudits sont actuellement enclins à contester les pérégrinations des initiés à travers le royaume d'Hadès. Je me suis demandé si ce scepticisme n'est pas excessif. N'a-t-il pu se trouver, dans la vaste enceinte de l'Éleusinion, bien des aménagements dont il ne reste aucune trace? Lors de la dernière Exposition internationale de Paris, les visiteurs rencontraient dans le sous-sol, parmi les attractions du Trocadéro, des panoramas qui les initiaient à l'exploitation des mines, aux merveilles du monde souterrain, aux phénomènes des âges préhistoriques, etc. C'étaient de longs et sinueux couloirs sur lesquels s'ouvraient, à intervalles, des réduits habilement aménagés, avec des illusions de perspective et des effets d'optique.

---

1) Plutarque, *De anima*, fragm. VI, 2.

Quelle trace restera-t-il de ces installations dans quinze ou seize siècles? Qu'en reste-t-il déjà aujourd'hui, à trois années de distance[1]?

J'estime donc qu'il n'y a aucune raison sérieuse de repousser le témoignage de la tradition classique. Il est vraisemblable que les initiés, la tête couronnée de myrte, — comme nous les représentent certains monuments, — tenant en main le *bacchos* ou thyrse spécial aux mystères d'Éleusis, suivaient la torche de leur mystagogue dans des galeries ténébreuses, dont les parois s'interrompaient çà et là, pour exhiber, sous une lueur sinistre, tantôt le trône et la cour d'Hadès, tantôt les supplices des criminels condamnés à l'expiation dans le Tartare. Amenés ensuite devant le télestérion, ils ne tardaient pas à voir s'échapper par la baie du toit la vive clarté que signale Claudien[2], tandis que des bruits étranges et des chants harmonieux s'élevaient de l'intérieur. Soudain les portes s'ouvrent, les voiles tombent et, tout ébloui par une illumination dont les textes et les inscriptions s'accordent à vanter l'éclat, les mystes sont conduits sur les gradins au milieu d'un religieux silence, les yeux fixés sur les radieuses visions du monde divin qui se déroulent sur la scène[3].

1) Un de mes anciens élèves, aujourd'hui attaché au Musée royal des Antiquités de Bruxelles, M. Jean De Mot, m'écrit que, pendant les deux années qu'il a passées à l'École d'Athènes, il a eu plusieurs fois l'occasion de visiter l'emplacement d'Éleusis. On y a constaté, devant le télestérion, la présence de vastes souterrains, adossés aux remparts, mais en trop mauvais état pour fournir des renseignements sur leur destination. Il ne s'agit pas de travaux de soutènement qui auraient été remblayés à la suite des agrandissements successifs de télestérion, car on y a trouvé des traces d'escaliers. Quelques-uns de ces souterrains, situés à un niveau très inférieur à celui du temple, datent de l'époque de Périclès; la voûte en est supportée par des piliers carrés. On les désigne généralement du terme vague de magasins, à défaut d'une attribution plus précise. Mais c'est là une pure hypothèse.

2) *Claram dispergere culmina lucem. (De rapt. Proserp.*, v. 8, éd. Panckouke. Paris, 1833, p. 226.)

3) Le bas-relief reproduit à la planche ci-dessus a été décrit pour la première fois par François Lenormant (*Gazette des beaux-arts*, 1860, 1re série, t. VI, p. 69). Il a été découvert à Éleusis, il y a un peu plus de quarante ans. Il passe

On n'y entrevoyait pas seulement les grandes divinités d'Éleusis, mais encore les ombres des bienheureux qui, vêtues de blanc, erraient dans des prés fleuris avec accompagnement de chœurs chantant les hymnes orphiques. « Éleusis, dit Isocrate, est un sanctuaire commun à la terre entière, et de toutes les choses divines que possèdent les hommes, c'est celle qui provoque le plus de frissons et donne le plus de sérénité[1]. »

Qui d'entre nous, assistant pour la première fois à l'*Orphée* de Gluck, a su se défendre de l'impression, un peu mélancolique, mais infiniment douce et pénétrante, que dégagent non seulement les suaves mélodies du maître, mais encore le défilé des ombres devisant parmi des bocages de toile peinte, derrière un voile de gaze, dans une lumière bleuâtre, diffuse comme de l'azur affaibli? Combien cette émotion devait être plus forte et plus durable, quand le spectateur croyait trouver dans des tableaux de ce genre l'image fidèle d'une réalité à laquelle il pouvait prétendre un jour? On peut discuter si c'est là l'idéal véritable de la vie future. Mais la masse des anciens n'en a guère connu de meilleur. « C'est là, écrit Plutarque, que l'homme, devenu parfait par sa nouvelle initiation, rendu à la liberté, vraiment maître de lui-même, converse avec des âmes justes et pures, et voit avec mépris la troupe impure des profanes et des non-initiés s'enfoncer d'elle-même dans la boue et les ténèbres épaisses[2]. »

M. Foucart, qui admet l'explication de visites successives

généralement pour figurer Triptolème recevant les instructions de Déméter et de Corè avant de partir pour son tour du monde. Cependant on n'y trouve aucun des détails qui caractérisent d'ordinaire les représentations de Triptolème. Ne serait-on pas plus fondé à y voir un initié accueilli par les deux déesses? La taille de l'éphèbe est plutôt celle d'un mortel que d'un génie; l'attitude des personnages se rapporte à une scène de réception plus que de congé. Si même l'objet que Déméter semble tenir en main est un grain de blé, comme le suppose Lenormant, cette exhibition, ainsi qu'on le verra plus loin, faisait partie du rituel de l'époptie.

1) Aristide, *Eleusinios*, éd. Dindorf, p. 415.
2) Fragment *De anima*, VI, 2.

aux Enfers et aux Champs-Élysées, a mis en avant une hypothèse qui satisfait également aux conditions de cette mise en scène. A défaut de crypte, il suppose que le télestérion possédait deux étages : Les sept rangées de colonnes parallèles, dont on a constaté la présence, divisaient la salle inférieure en compartiments qui pouvaient être consacrés chacun à une région des Enfers. Quand les mystes y avaient suffisamment circulé, on les faisait monter à l'étage par les escaliers extérieurs qui débouchent sur la plate-forme du rocher auquel était adossé l'édifice. De là ils pénétraient de plain-pied dans la salle supérieure, où était aménagée la représentation des Champs-Élysées et où se faisait l'exhibition des *hiéra* [2].

Peut-être des découvertes ultérieures trancheront-elles la question. En tout cas, il est certain qu'il se produisait des apparitions et des effets de théâtre supposant un machinisme assez compliqué. Platon ne compare-t-il pas la contemplation des Idées par les esprits désincarnés aux fantômes (*phasmata*) qui se révèlent dans les Mystères [1]?

### Le drame mystique.

Quant au drame mystique, il constitue la partie la mieux connue des grands Mystères, précisément par ce que ses données n'avaient rien de mystérieux, mais se trouvaient de temps immémorial dans le domaine public des mythographes. Son scénario, fixé par la tradition, n'a guère dû changer au cours des âges. Il est aisé de le reconstituer à l'aide de l'hymne homérique en l'honneur de Déméter, qui remonte à la fin du viiie ou au commencement du viie siècle avant notre ère. La conclusion de cet hymne établit qu'il fut composé en vue des Mystères, dont il raconte l'institution par la Déesse elle-même : « Heureux les mortels qui ont pu

1) *Phaedros*, 250 C.
2) Telle est également l'opinion de M. Philios, *op. cit.*, pp. 66 et suiv.

contempler ces grandes scènes. Mais celui qui n'est point initié; qui n'a point participé à ces grandes cérémonies, est à jamais privé du sort qui attend le premier, quand la mort l'a entraîné dans les sombres demeures[1]. »

Le premier acte se passe dans une localité mythique, Nysa, non loin d'Éleusis. La jeune Corè folâtre avec ses compagnes sur des prés où s'épanouissent la violette, l'iris, le safran et l'hyacinthe. Elle est soudain attirée par une fleur plus éclatante : le narcisse. A peine l'a-t-elle cueillie que d'une caverne s'élance Hadès sur son char doré. Il saisit la divine vierge, malgré sa résistance, et l'emporte dans le monde souterrain.

Déméter a entendu les cris de sa fille. Elle accourt; mais les grondements de l'airain, qu'un prêtre frappe dans la coulisse, pour couvrir les appels de Corè par imitation de la foudre[2], répondent seuls aux appels de la mère éplorée. Pendant neuf jours et neuf nuits, elle est censée parcourir le pays, une torche dans chaque main, en s'abstenant de nourriture. Au cours de ses recherches, elle rencontre Hécate qui a vu le rapt, mais sans reconnaître le ravisseur; ensuite Hélios, qui dénonce Pluton, mais en faisant observer que celui-ci a agi avec l'autorisation de Zeus. A cette nouvelle, Déméter déchire ses vêtements et, ayant assumé l'apparence d'une vieille pauvresse, se dirige vers la ville d'Éleusis.

L'acte suivant nous montre la Déesse assise sur la « pierre triste », près du puits, où les filles du roi Céléos viennent chercher l'eau du ménage royal. On sait que puiser l'eau et traire les vaches étaient, dans toute la haute antiquité, les fonctions par excellence des jeunes princesses. Interrogée par les filles de Céléos, elle leur apprend qu'elle se nomme Déo; qu'elle a été enlevée en Crète par des pirates;

1) *Homeri Carmina*, éd. Didot. *In Cererem*, v. 480 et suiv.
2) Tel semble bien le but de cet épisode signalé par Apollodore : τὸν ὀφάντην τῆς Κόρης ἐπικαλουμένης ἐπικρούειν τὸ καλούμενον ἠχεῖον (Apollodore, *Fragm. historicorum græcorum*, frag. 36, t. I, p. 434 éd. Didot).

qu'elle s'est échappée de leurs mains et qu'elle cherche un emploi domestique, soit comme gouvernante, soit comme femme de charge, soit même comme bonne d'enfants. Les princesses, après être allées prendre la permission de leur mère, ramènent leur protégée au palais, pour qu'elle prenne soin de leur jeune frère Démophoon. Mais Déo persiste dans son affliction. Elle repousse toute nourriture jusqu'à ce que, un peu déridée par la plaisanterie ultra-naturaliste d'une suivante, elle accepte un breuvage composé d'eau, de farine, de miel et de menthe : c'est le célèbre cycéon. Alors se déroulent plusieurs épisodes du séjour de la Déesse, qui finit par se faire reconnaître. Céléos lui offre l'hospitalité dans un temple qu'il fait sortir de terre à son intention.

Le troisième acte se déroule dans le temple. La Déesse est toujours inconsolable, et son deuil s'étend à la nature entière qui est frappée de stérilité. En vain les principaux dieux viennent à tour de rôle supplier Déméter de regagner l'Olympe. Elle persiste dans l'intention de prolonger sa grève, aussi longtemps qu'on ne lui aura pas rendu sa fille. La désolation règne parmi les humains et pénètre jusque dans la demeure des immortels.

Cependant Zeus, fort embarrassé, a député Hermès à Pluton pour engager celui-ci à restituer Corè. Le roi de l'Hadès n'a pas osé refuser et, bientôt, ramenée au jour par Hermès, Corè court au temple d'Éleusis se jeter dans les bras de sa mère.

Après les premières effusions, Déméter lui demande anxieusement si elle n'a pris aucune nourriture dans l'Hadès. Corè confesse que, au moment du départ, elle a accepté de son époux un grain de grenade. Il paraît que dès lors son retour à la lumière ne peut être définitif. Mais Zeus intervient une fois de plus, pour imposer une transaction. Déméter annonce elle-même à sa fille que celle-ci devra, chaque année, séjourner près de son époux pendant la saison d'hiver. « Quand, à l'heure embaumée du printemps, la terre se couvrira de mille fleurs, tu remonteras du ténébreux séjour par un miracle égal pour les dieux et pour les hommes[1]. »

Rhéa vient alors chercher les deux déesses pour les reconduire sur l'Olympe. Mais, auparavant, Déméter entend témoigner sa reconnaissance à Céléos en instituant les Mystères, dont elle lui confie la garde, avec charge de les transmettre à ses descendants.

Le drame se termine par une sorte d'apothéose[2]. Triptolème s'installe sur un char attelé de serpents, tenant en mains les épis chargés de semences, que Déméter lui a remis, avec la mission de répandre parmi toutes les nations la connaissance de l'agriculture. La triple Hécate sort de terre. Le jeune Iacchos se montre couronné de lierre. Enfin, les deux déesses remontent dans la demeure des dieux, où tout l'Olympe fête leur retour.

On ne peut affirmer avec certitude que la représentation du drame démétérien fut précédée par celle des séjours posthumes. M. W. Ramsay fait observer que le drame mystique, étant vraisemblablement la partie la plus ancienne des Mystères, devait avoir le pas sur les innovations ultérieures[3]. Si cependant, comme je le fais ressortir plus loin, la visite de l'autre monde rappelle spécialement l'initiation qui devait permettre aux profanes de participer aux *sacra* dont faisait partie le drame mystique, n'est-il pas plus logique d'admettre que ce drame venait en second ordre sur le programme, du moins à l'origine ?

Les journées qui séparaient les Soirées saintes étaient consacrées au repos, à moins que les néophytes n'employassent leurs heures de loisir à visiter les principaux temples de la ville, les sanctuaires de Triptolème, de Zeus Eubouleus, de Poséidon Pater, de la Déméter des Propylées, etc.

---

1) *Homeri Carmina*, éd. Didot, *In Cererem*, v. 401-403.

2) Les détails en sont rapportés par Claudien, *De raptu Proserpinae*, v. 12-17. On les retrouve également sur plusieurs vases peints. Cf. Overbeck, *Kunstmythologie*, Atlas, t. IV, pl. XV et XVI.

3) *Encyclopædia britannica*, au mot *Mysteries*.

### L'époptie.

Aux grands Mystères succédait l'Époptie. « Il y a, écrit Sénèque, des mystères religieux qui ne se révèlent pas en une fois. Éleusis tient en réserve des secrets pour ceux qui la visitent à nouveau[1]. » Suivant Plutarque, on ne pouvait être admis à l'époptie qu'un an après avoir été initié aux grands Mystères[2]. Mais les exceptions durent devenir de plus en plus nombreuses.

Ici encore, les auteurs ne sont pas d'accord sur le jour de la cérémonie. Si cependant les représentations des grands Mystères occupaient le télestérion pendant les soirées du 22 et du 23, il faut nécessairement fixer l'époptie au 24[3]. Les mystes qui aspiraient au grade d'épopte, devaient exhiber leurs titres au dadouque. Ils recevaient un jeton, en forme de tessère, où étaient gravés des symboles en rapport avec les Mystères, — par exemple la tête de Déméter ou bien un épi et un pavot avec le mot ἔποψ. Plusieurs de ces tessères ont été retrouvées aux environs d'Éleusis[4].

L'époptie, comme son nom l'indique, consistait également en spectacles.

Dionysos, particulièrement sous la forme de Zagreus, en constituait un des principaux personnages. On y représentait d'abord l'hiérogamie de Zeus et de Déméter[5]. C'étaient

---

1) Sénèque, *Naturales Quaestiones*, liv. VII, chap. 31.

2) *Vita Demetrii*, chap. XXVI, éd. Didot, p. 1075.

3) On pourrait cependant admettre que l'époptie était célébrée le 23, — à condition de supposer que les rites des grands Mystères, y compris le pèlerinage aux stations de Déméter, la visite des Enfers et des Champs-Élysées, enfin l'exhibition des ἱερά, aient été distribués entre les deux soirées précédentes.

4) Alb. Dumont, *De plumbeis apud Græcos tesseris*. Paris, Thorin, 1870, pp. 76-97, et *Bull. de corresp. hellén.*, 1884, pl. II, nº 42.

5) L'introduction de cet épisode violemment dénoncé par les Pères semble confirmée par le scholiaste de Platon : Ἐτελεῖτο ταῦτα καὶ Δηοῖ καὶ Κόρῃ ὅτι ταύτην μὲν Πλούτων ἁρπάξειε Δεοῖ δὲ μιγείη Ζεύς, *Scholia in Gorgiam*, éd. Bekker. Berlin, 1823, p. 354. Suivant certains Pères, on assistait même à deux unions de Zeus,

l'hiérophante et la prêtresse de Déméter qui tenaient les premiers rôles. A un moment donné, une lumière éclatante se répandait sur la scène, et de la caverne obscure où le dieu avait entraîné la déesse, une voix solennelle s'écriait : « La Déesse vénérable a mis au monde l'enfant sacré. Brimo (la Forte) a enfanté Brimos (le Fort)[1]. » Alors apparaissait Zagreus qui était figuré, conformément à la tradition crétoise, par un enfant à tête de taureau, soigné par les nymphes et les Curètes. Il semble résulter du témoignage de Clément d'Alexandrie que la passion de Zagreus était représentée dans tous ses détails[2]. Les Titans s'emparaient de l'enfant qu'ils feignaient sans doute de massacrer ou de dépecer. S'il faut en croire certains auteurs, on figurait Zagreus par un taureau dont les participants arrachaient et dévoraient toutes crues les chairs encore palpitantes.

Cependant, j'ai peine à croire que cette « omophagie », certainement pratiquée dans les Mystères des thiases dionysiaques, soit devenue partie intégrante et officielle du culte éleusinien. Il est possible qu'on se soit contenté d'immoler un taureau et de simuler le reste.

Quoi qu'il en soit, Zeus vengeait le meurtre de son fils, en foudroyant les Titans; après quoi les Curètes rassemblaient les membres déchiquetés du jeune dieu pour lui donner une sépulture solennelle sur le Parnasse. Mais Dionysos ne tardait pas à ressusciter sous les traits du bel adolescent immortalisé par la sculpture de l'époque alexandrine. L'allégresse succédait au deuil et les initiés prenaient part à ces transports en l'honneur du dieu ressuscité; enfin, l'hiérophante leur

la première avec Déméter, la seconde avec la fille issue de ce mariage, Corè. De cet inceste, que Zeus accomplissait sous la forme d'un serpent, naissait le monstre à tête de taureau (*Protrept.*, II, pp. 13-15). — Mais il n'est pas établi que Clément d'Alexandrie n'ait pas confondu à dessein les rites et les mythes de différents Mystères.

1) Ἱερὸν ἔτεχε πότνια χοῦρον βριμὼ βριμόν, *Philosophoumena*, V, 1, 164, éd. Migne, p. 3149.

2) Clément d'Alexandrie, *Protrept.*, éd. Potter, pp. 14-19.

exhibait, comme le dernier mot et le plus parfait symbole de l'initiation, un épi de blé [1].

Peut-être cet épi, que fauchait silencieusement l'hiérophante, sortait-il du tombeau même de Zagreus, par un emprunt au symbolisme égyptien, où certains monuments montrent des plantes ou des épis de blé surgissant du sarcophage d'Osiris [2].

Il est évident que l'époptie renfermait également une communication de symboles et de formules, sinon de doctrines. Sur plusieurs monuments figurés qu'on croit se rapporter à ce grade, on voit le néophyte, reconnaissable à la peau de faon qu'il porte sur les épaules, caresser de la main le serpent familier qui se dresse du siège ou même du giron de Déméter [3]. La phrase par laquelle se reconnaissaient les époptes diffère quelque peu de la formule en usage dans l'initiation précédente. Les termes nous en ont été également transmis par Clément d'Alexandrie : « J'ai mangé dans le tympan. J'ai bu dans la cymbale. J'ai porté le kernos (le van) et je me suis glissé sous le pastos (couche nuptiale) [4]. »

Existait-il un quatrième degré d'initiation, comme l'a supposé le chevalier F.-J.-F. Marchal, dans un mémoire publié il y a cinquante ans [5]? Il est à remarquer que l'hiérophante et le dadouque, avant d'entrer en charge, devaient se soumettre à une sorte d'ordination, dénommée par Théon de Smyrne la fin de l'époptie, τέλος τῆς ἐποπτείας [6].

---

1) « Le plus grand, le plus merveilleux et le plus parfait mystère de l'époptie », *Philosoph.*, V. 162, éd. Migne, p. 3149.

2) Brugsch, *Religion der alten Ægypter*, p. 621.

3) Overbeck, *Kunstmythologie*, Atlas, vol. IV, pl. XVI, fig. 10, et Daremberg et Saglio, t. II, fig. 2634.

4) *Protreptique*, II, éd. Potter, p. 14. L'allusion au *pastos* confirme l'hypothèse qu'on y assistait à la représentation d'une véritable hiérogamie.

5) Chevalier F.-J.-F. Marchal, *Réponse à un passage des Recherches sur les Mystères des anciens, concernant le dogme de l'unité de Dieu, par le baron de Sainte-Croix*, dans les *Bull. de l'Acad. roy. de Belgique*, 1851, t. XVIII, 1re partie, pp. 82-98.

6) *Mathematica*, I, p. 18, Daremberg et Saglio, t. II, p. 575.

« Tous, dit de son côté Théodoret, ne connaissent pas ce que connaît l'hiérophante. La plupart ne voient que ce qui est représenté ; les prêtres accomplissent les rites des Mystères, mais l'hiérophante seul connaît la raison de ce qu'il fait et il la découvre à qui il juge convenable[1]. »

Cependant, d'après M. Foucart, ce passage ne s'applique qu'aux Mystères de Lampsaque ; à Éleusis, l'investiture de l'hiérophante aurait été une simple cérémonie précédée d'un examen ($\delta o \varkappa \iota \mu \alpha \sigma \iota \alpha$), en vue de s'assurer que le titulaire réunissait les conditions requises pour l'exercice de sa charge. Il devait sans doute, de même que le dadouque, posséder des connaissances spéciales, cachées aux profanes ; mais elles étaient d'ordre rituélique et constituaient la tradition sacrée, $\tau \grave{\alpha} \pi \acute{\alpha} \tau \rho \iota \alpha$, des Eumolpides et des Kéryces.

### Les épilogues des Mystères.

Les mystes qui n'aspiraient pas à l'époptie pouvaient évidemment s'en retourner chez eux dès le 25, peut-être après une cérémonie qui représentait les adieux de Déméter à Corè, au moment où celle-ci s'en allait temporairement rejoindre son époux[2]. Mais la plupart préféraient rester à Éleusis pour assister aux fêtes publiques qui clôturaient les Mystères. Elles comprenaient des concours gymniques, musicaux et dramatiques, ainsi que des courses de chevaux. Ces jeux passaient pour les plus anciens de la Grèce. Le prix le plus important consistait en une mesure d'orge récoltée dans les champs rhariens. Il y avait aussi des représentations théâtrales, généralement des tragédies d'un caractère religieux, jouées, dans le théâtre sur les flancs de l'Acropole éleusinienne, par la corporation des Artistes dionysiaques, les *Dionysiacoi technitai*[3]. Cette curieuse confrérie — qui fait son-

1) Théodoret, *De fide*, éd. de Paris, 1642, t. IV, p. 462.

2) Harpocration, cité par Lenormant dans Daremberg et Saglio, t. II, p. 573, col. 2.

3) *Corpus inscript. Attic.*, t. II, n° 628.

ger aux Chambres de rhétorique et, en général, aux compagnies d'acteurs jouant les Mystères dans les solennités religieuses de notre moyen âge — possédait certains privilèges à Éleusis et avait notamment la jouissance d'une cha pelle dans l'enceinte de l'Éleusinion.

D'abord célébrés tous les cinq ans et n'occupant qu'une journée, les jeux éleusiniens reçurent, sous l'Empire, une extension considérable.

Parmi les divertissements qui constituaient l'épilogue puiblic des Mystères se plaçait une bataille simulée à coups de pierre. Cette lithobolie avait peut-être pour objet de justifier la prophétie attribuée à Déméter par l'hymne homérique, qu'un jour ses adorateurs se livreraient un violent combat[1], à moins que la prédiction n'ait été inventée pour expliquer l'usage et que celui-ci ne soit — comme le géphyrismes — une allusion aux antiques démêlés entre Éleusis et Athènes·

Une dernière cérémonie religieuse prenait place au départ des mystes. Les prêtres chargés des lustrations remplissaient d'eau deux plénochoés, vases en forme de soupières, qu'ils disposaient l'un à l'orient, l'autre à l'occident, en invoquant respectivement les dieux des vivants et des morts ; puis ils en versaient le contenu sur le sol en prononçant la formule : ὗε, κύε, ὑπερκύε, c'est-à-dire : Féconde, enfante, enfante à outrance[2].

Il ne peut y avoir aucun doute sur la portée de ce rite. Chez presque tous les peuples de la terre, un des procédés les plus répandus de la magie symbolique consiste à provoquer la chute des pluies en répandant de l'eau sur le sol, ou en plongeant dans un liquide un objet sacré. Dans leur description du Mystère célébré chez les Tusayans de l'Amérique septentrionale sous le nom de Pá-lü-lü-Kônti, MM. J.-W.

---

1) *Hymn. in Cerer.*, v. 265.

2) La formule, imparfaitement reproduite par Proclus et par l'auteur des *Philosophoumena*, a été restituée par une inscription trouvée sur la margelle d'un puits, près de la porte Dipyle. On en a conclu, un peu légèrement, que le rite s'accomplissait, non à Éleusis, mais à Athènes, lors du retour des initiés.

Fewkes et A.-M. Stephen rapportent que le premier jour de la fête, après avoir planté des épis dans des vases remplis de sable, on les arrose abondamment, en vue d'assurer des chutes de pluie sur les champs ensemencés[1]. Ainsi chez les Juifs, dans la fête des Tabernacles, on puisait à la fontaine de Siloé de l'eau qu'on allait ensuite répandre sur l'autel du Temple au son des trompettes. D'après une tradition rabbinique, rapportée par Robertson Smith[2], l'objet de ce rite était d'assurer la chute de la pluie pendant l'année suivante. Nous avons donc bien là, à Éleusis, la survivance d'un vieux procédé magique devenu un hommage au pouvoir fertilisant des deux Déesses, elles-mêmes confondues avec la puissance fécondante de la nature. C'est un peu toute l'histoire des Mystères.

1) *Hemenwap Southwestern Archæological Expedition*, p. 3.
2) *Religion of the Semites*. Londres, 1894, p. 231.

# CHAPITRE II

## L'ORIGINE DES GRANDS MYSTÈRES

### Des mystères grecs en général.

Les Grecs qualifiaient de Mystères certains rites dont la connaissance était réservée aux initiés. D'après les renseignements parvenus jusqu'à nous, ces mystères présentaient en commun les traits suivants :

1° L'accomplissement de formalités préparatoires ou purificatrices qui mettaient le profane en état de recevoir l'initiation (Καθάρσις);

2° Une transmission de « choses sacrées » (Παράδοσις τῶν ἱερῶν). Ces ἱερά étaient tantôt des formules qu'on enseignait verbalement (Λεγόμενα, Συνθήματα), tantôt des objets symboliques qu'on exhibait ou qu'on faisait manier par le néophyte (Δεικνύμενα, Δρώμενα) ;

3° La mise en action de légendes mythologiques, soit par les prêtres, soit par les néophytes eux-mêmes ;

4° L'interdiction absolue de révéler aux profanes les actes ou les paroles qui constituaient les secrets (τὰ ἀπόρρητα) de l'initiation [1].

---

1) On se demande comment un écrivain aussi compétent et aussi judicieux qu'Alfred Maury, a pu soutenir que les Mystères n'impliquaient pas forcément le secret : « C'étaient, dit-il, simplement des cérémonies symboliques, de véritables représentations hiératiques ». (*Histoire des Religions de la Grèce antique*, Paris, 1857, t. II, page 378.) — A ce compte-là, toute la liturgie du paga-

J'examinerai ultérieurement s'il y a lieu d'ajouter à cette énumération un cinquième élément : la communication de doctrines eschatologiques ou théogoniques.

Au point de vue de leur provenance, les Mystères se répartissent en deux catégories : ceux qui remontent aux premiers âges de la société hellénique, comme les Mystères célébrés en l'honneur des vieilles divinités indigènes, à Samothrace, à Éleusis, à Égine, en Argolide, en Arcadie, en Crète ; et ceux qui se rattachent à l'importation ultérieure de cultes orientaux, comme les Mystères en l'honneur du Dionysos Phrygien, de Cybèle et d'Attis, d'Adonis, d'Isis, enfin de Mithra. Les plus importants et les mieux connus sont ceux d'Éleusis.

L'école d'interprétation symbolique, qui florissait pendant la première moitié du xixe siècle, regardait les Mystères comme une institution sacerdotale, destinée à conserver, sous le couvert de symboles empruntés au polythéisme vulgaire, le naturalisme philosophique qui avait constitué la religion en son unité primitive. — Dupuis, qui leur assigne le but « d'améliorer notre espèce », y voyait l'œuvre de « législateurs » qui avaient entrepris de « mener l'homme au bien par l'illusion »[1]. Avec moins d'emphase, Creuzer en fit les réceptacles de la doctrine philosophique que « les sages de l'Orient » avaient confiée aux prêtres égyptiens et que ceux-ci avaient transportée chez les Pélasges de la Grèce[2]. — Par une réaction naturelle, Lobeck prétendit les réduire à de simples bouffonneries ou, du moins, à une survivance de rites

nisme antique se composerait de mystères ! Les Grecs eux-mêmes font venir μυστήρια de μύω, clore (la bouche). En réalité, la célébration des Mystères pouvait comprendre certaines cérémonies publiques, mais leur élément essentiel n'en restait pas moins le secret, avec sa conséquence nécessaire : l'initiation.

1) Dupuis, *Origine de tous les cultes*. Paris, 1796, t. II, 2e partie, p. 112 et suiv.

2) *Religions de l'antiquité*, trad. Guigniaut. Paris, t. III, 2e partie, p. 752 et suiv.

barbares qui, pour mieux dissimuler leur crudité, s'étaient entourés de ténèbres à l'époque où l'on commençait à en rougir[1]. — Les vues de Lobeck, combattues par Guigniaut, Maury, Preller, ont été reprises de nos jours, avec moins de parti pris, par M. Andrew Lang qui les a rapidement popularisées, grâce à la vivacité de son style, non moins qu'à l'étendue de ses connaissances ethnographiques[2].

La controverse, d'ailleurs, ne date pas des temps modernes. Dans l'antiquité, les philosophes de l'époque gréco-romaine ne tarissent pas en éloges sur la portée et l'influence des Mystères. « On dit, rapporte Diodore de Sicile, que ceux qui ont participé aux Mystères en deviennent plus pieux, plus justes et meilleurs en toutes choses. » Isocrate, Cicéron, Plutarque, Porphyre, ne tiennent pas un autre langage. D'autre part, les premiers apologistes du christianisme, Clément d'Alexandrie, Tertullien, Eusèbe, Grégoire de Nazianze, Arnobe, etc., n'ont pas de railleries assez acérées, ni de dénonciations assez virulentes contre une institution qui leur semblait combiner l'immoralité des spectacles avec l'impiété des croyances. Comme Lobeck, ils estiment que si on les célèbre dans l'obscurité, c'est parce qu'on avait honte de les produire à la lumière du jour. « Nocturnes cérémonies — s'écrie Grégoire de Naziance — qui méritent bien d'être ensevelies dans le silence[3] ».

Il semble que, des deux thèses, la première ait été surtout inspirée par les idées auxquelles se rattachaient les Mystères dans la dernière période de leur fonctionnement —; la seconde par les survivances qui rappelaient les débuts barbares de l'institution. Il y a lieu de faire à chacune de ces opinions sa part de vérité.

1) Lobeck, *Aglaophamus*. Königsberg, 1829, t. 1, *Proœmium*.
2) Andrew Lang, *Myth, Ritual and Religion*. Londres, 1887, t. I, chap. IX.
3) Grégoire de Nazianze, *Sermo XXXIX* (éd. de Paris, 1609, p. 625).

### Confréries magiques.

Ce serait perdre le temps du lecteur que de discuter encore le point de départ de l'école symbolique. Les Mystères, comme les autres institutions religieuses de l'antiquité, ont leurs racines dans un âge où les populations de la Grèce présentaient un état voisin de la barbarie et, dès lors, à l'origine, ils ne peuvent guère révéler des mobiles fort supérieurs à ceux qu'on rencontre dans les niveaux inférieurs de la civilisation.

L'existence d'associations religieuses qui enjoignent le secret à leurs membres, est, chez les non-civilisés, un corollaire, à peu près général, de la foi aux pratiques de la sorcellerie. Partout les sorciers, qui prétennt de posséder les moyens de commander aux esprits, se choisissent des adeptes, — comme un artisan se cherche des apprentis — auxquels ils confient graduellement les secrets de leur profession[1]. Quelquefois, ils jugent avantageux de se constituer en corporation fermée; nous avons ainsi une première forme d'association secrète, qui se met fréquemment sous le patronage d'une divinité spéciale.

Chez les Peaux Rouges, il existe des sociétés d'*hommes-médecine* qui se recrutent parmi des peuplades différentes, pratiquent des initiations compliquées et exécutent des danses magiques sous divers déguisements[2]. En Cafrerie, les « faiseurs de pluie » ont constitué la corporation des *Intongas* qui choisit ses adeptes parmi les individus présentant

1) Albert Réville, *Religions des peuples non-civilisés*. Paris, 1883, t. I, pp. 294, 347, 378; t. II, p. 177.

2) Schoolcraft, *History of Indian Tribes*. New-York, 1839, t. IV, p. 430, et t. V, p. 421. — Cf. la collection des publications du *Bureau of ethnography*, t. I à XVI. Washington, 1891-1897.

une tendance à l'hystérie et aux visions[1]. Dans l'Afrique occidentale, les associations de féticheurs abondent. On y trouve des sociétés secrètes, dont les adeptes accomplissent leurs rites au fond des bois, forment des cortèges bruyants et exploitent largement la terreur des profanes[2]. Au Gabon, une de ces associations est exclusivement composée de femmes qui, peintes en rouge et en blanc, se rendent processionnellement à leur sanctuaire forestier, en jouant du tambourin et en se livrant à des danses frénétiques, comme dans les bacchanales de jadis[3]. En Polynésie, une corporation cumulait le sacerdoce avec la sorcellerie. C'était la confrérie des Arcoi, vouée au culte du dieu Aro. Elle comprenait sept degrés d'initiation, dont les adeptes se distinguaient par des tatouages et des ornements particuliers. Pour être admis dans l'Ordre, il fallait avoir donné des preuves d'inspiration divine, d'extase, etc. Le noviciat était très rigoureux; des épreuves nouvelles étaient imposées pour passer d'un degré à l'autre. Les initiés du grade suprême étaient traités comme des êtres surhumains, et, après leur mort, ils s'en allaient droit au paradis des Polynésiens. L'Ordre organisait des représentations scéniques où il mettait en action la légende du dieu[4].

Il est aisé de voir que l'objet de ces associations est partout le même : mettre les initiés en rapport avec la puissance surhumaine et leur livrer des secrets qui leur permettent de commander à la destinée. Ce qui est plus curieux, c'est que partout elles ont assumé des formes identiques et recouru à des procédés analogues. M. Andrew Lang signale, parmi les traits qui se retrouvent à la fois dans les mystères de la Grèce et dans ceux de l'Afrique, de l'Amérique et de l'Australie, les quatre particularités suivantes : 1° les danses magiques; 2° l'emploi de la crécelle (*bull-roarer*, *turndun*, ρόμβος); 3° l'usage d'enduire les néophytes avec de l'argile ou quelque

1) G. Fritsch, *Die Eingeborenen Süd-Afrikas.* Breslau, 1872, p. 99.
2) Wilson, *Western Africa.* Londres, 1856, p. 391 et suiv.
3) *Id.*, p. 393.
4) W. Ellis, *Polynesian Researches.* Londres, 1853, t. I, p. 229 et suiv.

autre substance grasse, qui est ensuite soigneusement lavée ;
4° des exercices avec des serpents familiers [1]. L'ingénieux
folk-loriste aurait pu y ajouter d'autres similitudes encore :
les jeûnes préparatoires ; les sacrifices d'animaux ; l'emploi
de déguisements ; enfin la simulation temporaire de la mort,
soit par un ensevelissement momentané, soit même par un
voyage au pays des âmes.


## Sacra gentilicia.


S'ensuit-il que les Mystères de la Grèce aient été exclusivement des collections de recettes magiques, exploitées dans
l'intérêt personnel de quelques docteurs ès sorcellerie? Tout
en admettant que, au début, ils aient été de simples conjurations, de véritables « *medecine-danses* », on peut se demander
si leur source ne doit pas être cherchée dans des cultes locaux qui auraient imposé aux étrangers des formalités d'initiation. Lobeck lui-même a entrevu cette origine, quand il fait
dériver certains Mystères des *sacra domestica*, auxquels un
étranger ne pouvait participer, si ce n'est à la suite d'une adoption [2]. Ottfried Muller, de son côté, rattache les plus anciens
Mystères à des cultes pélasgiques, qui s'étaient transformés en
rites secrets, quand les Pélasges eurent été subjugués par les
Hellènes [3]. D'autre part, Robertson Smith, dans ses recherches approfondies sur les religions sémitiques, a attribué une
provenance analogue aux Mystères qu'on rencontre chez les
Sémites et particulièrement parmi les populations mélangées
de l'Asie Mineure [4]. Or, aussitôt que des rites conjuratoires
sont exploités, non dans un but purement individuel, en op-
position avec les intérêts du clan, de la tribu ou de la cité,

1) A. Lang, *Myth, Ritual and Religion*. Londres, 1887, t. I, p. 282.
2) *Aglaophamus*, p. 270.
3) Article *Eleusinien* dans l'*Allgemeine Encyclopädie*, sect. I, t. XXXIII.
4) Robertson Smith, *Religion of the Semites*. Londres, 1894, p. 358.

mais pour l'avantage général de la communauté, ils assument un caractère sociologique, et la magie cesse d'être de la sorcellerie pour devenir de la religion.

Lorsque deux communautés ethniques se juxtaposent sur un même sol, que ce soit par conquête ou par immigration, chacune conserve d'abord ses dieux et ses rites, comme ses coutumes et sa langue. Cependant il arrive inévitablement que la préoccupation de se concilier les anciennes divinités du pays engendre, chez les nouveaux venus, le désir de participer à certains cultes indigènes. Dans ce but, ils doivent se faire instruire par des initiateurs compétents. Peu à peu ces cultes cessent donc d'être le monopole exclusif d'une seule race, et à mesure que s'accentue le mélange des populations, ils tendent à remplacer la naissance par l'initiation dans le recrutement de leurs adeptes.

A une époque où Jahveh était encore exclusivement le dieu des Israélites, la Bible rapporte que les colons, transportés de Chaldée en Samarie par le roi Salmanazar, avaient à souffrir des bêtes féroces, parce qu'ils ignoraient la manière de servir le dieu du pays ; ils s'adressèrent donc au roi d'Assyrie pour obtenir un prêtre de Jahveh qui leur enseignât « comment ils devaient vénérer l'Éternel »[1].

La réciproque est également vraie, quand ce sont les populations asservies qui veulent se convertir aux cultes nationaux de leurs conquérants. Le Mazdéisme était chez les Perses une religion nationale : on naissait adorateur d'Ormuzd et de Mithra, en même temps que Mède ou Perse. Quand, après les conquêtes des Achéménides, ce culte se propagea dans l'Asie occidentale, il dut se recruter par voie d'initiation et c'est ainsi que naquirent les Mystères de Mithra[2]. On voit qu'un des mérites des Mystères, c'est de faciliter la transformation d'un culte national ou local en un culte universaliste.

---

1) II Rois, xvii; 25-29.
2) F. Cumont, *Mystères de Mithra.* Bruxelles, 1899, t. I, pp. 233-239.

Les plus anciens Mystères de la Grèce étaient, à l'époque historique, l'apanage de familles sacerdotales qui représentaient les débris d'anciennes tribus pélasgiques ou thraces. Les Curètes, qui initiaient aux mystères du Zeus Crétois; formaient un collège héréditaire, et la tradition avait gardé le souvenir d'une tribu pélasgique qui portait leur nom, sur le rivage septentrional du golfe de Corinthe[1]. — Les Mystères de Samothrace passaient pour avoir été institués par les Cabires. Que le nom de Cabire soit ou ne soit pas d'origine phénicienne (*Kabirim* = les Grands)[2], ces enfants légendaires d'Héphæstos et de la fille de Protée pourraient bien personnifier les premiers insulaires de la mer de Thrace, experts à la fois dans le travail des métaux et dans l'art de la navigation. Pindare, après avoir cité un des Cabires parmi les personnages qui passaient, dans certains cantons de la Grèce, pour les ancêtres de l'humanité, les rapproche des Curètes et des Corybantes[3]. Peut-être constituaient-ils, comme les Telchines, une tribu de forgerons; l'art de forger les métaux dût, en effet, garder longtemps un caractère mystérieux et surnaturel aux yeux des populations à peine sorties de l'âge de la pierre[4].

Les Mystères d'Éleusis se présentent dans les mêmes conditions. Ils étaient l'apanage d'un groupe de familles qui se rattachaient aux immigrations thraces et qui dominaient à Éleusis, quand cette ville jouissait encore de son indépendance[5]. Leur objet, à l'origine, était d'assurer la fertilité des

---

1) Homère fait des Curètes un ancien peuple de l'Étolie (*Iliade*, IX, 249). — Strabon les place dans l'Acarnanie (X, 3, 1).

2) Suivant M. Salomon Reinach, ce seraient des divinités pélasgiques, « les grands dieux » dont les Phéniciens, en relation avec Samothrace, auraient traduit la dénomination dans leur langue (*Revue archéologique*, t. XXXII (1893), p. 60.

3) D'après un passage des *Philosophoumena*, V, 1; Paris, 1860, p. 142-143.

4) Aujourd'hui encore, au nord-ouest du Soudan, les forgerons forment une véritable caste qui passe pour posséder des pouvoirs magiques. (A. Réville *Religions des non-civilisés*, t. I, p. 40.)

5) La tradition fait un Thrace d'Eumolpe, l'ancêtre éponyme des Eumolpides,

champs appartenant à la communauté. C'est plus tard qu'à
ce but d'intérêt collectif fut substituée la réalisation individuelle des « belles espérances » καλαὶ ἐλπίδες, comme dit Isocrate, c'est-à-dire l'acquisition de la félicité posthume par
les initiés. Je crois qu'il est possible de reconstituer les principales phases de cette évolution.

### Rites agricoles des Indo-Européens.

Il y eut — avant l'histoire — une période où les cultiva-
teurs de l'Attique cherchaient à assurer l'abondance de leurs
récoltes par les rites naïfs dont on retrouve la trace dans le
folk-lore de tous les peuples indo-européens.

Les belles recherches de Mannhardt ont nettement établi
que les Germains, les Celtes et les Slaves, attribuaient à
chaque champ ou plutôt à chaque exploitation agricole un
génie qui personnifiait l'ensemble des épis ou des plantes.

Ce génie, qui vit encore parmi les populations rurales de
l'Europe actuelle, est conçu tantôt sous la forme d'un être
humain, tantôt sous celle d'un animal. On l'appellera, suivant
les régions, la Mère (*die Mutter*), la Vieille (*Grossmutter, die
Alte, Granny, Baba*), la Reine (*Königin, the Harvest Queen*).
D'autres fois, l'envisageant dans ses rapports avec la moisson de l'année suivante, on le désignera sous le nom de la
Fille (*die Tochter, the Maiden*), l'Enfant (*Cornbaby*), la Fiancée (*May-bride*, « la Mariée »). — Ou bien, on lui décernera le
nom de Loup, de Chien, de Coq, de Truie, de Jument, etc.[1].
— Lorsque le vent fait courber les épis, dans certaines parties de l'Allemagne, le paysan s'écrie : « Voilà la mère du Blé

qui est représenté comme l'organisateur des Mystères (Strabon, VII, 7, 1 ; Pausanias, I, 38, 2). — Les mythographes en font tantôt un fils de Poséidon et de
Chioné (la neige); tantôt un fils de Boré (le vent du Nord) (cf. Maury, *Relig. de
la Grèce ant.*, t. II, p. 317).

1) Mannhardt, *Mythologische Forschungen*. Strasbourg, 1884, p. 296 et suiv.

qui passe » ; dans d'autres provinces : « Le loup (ou le cheval), court à travers les champs[1] ». Partout on se sert de ces croquemitaines pour empêcher les enfants d'entrer dans les blés. En Souabe, celui qui coupe la dernière gerbe est dit « avoir la truie ». En Angleterre, dans le Shropshire, la dernière gerbe est appelée la Jument[2]. Aux environs de Lille, les moissonneurs dansent autour de la dernière gerbe en s'écriant : « Voilà le reste du Cheval[3] ».

Quand on a enlevé la moisson, son esprit demeure dans la dernière gerbe, pour passer de là dans la récolte suivante. En Styrie, on fait avec les épis de la dernière gerbe une couronne qui est consacrée dans l'église, la veille de Pâque ; on en détache ensuite les grains qui sont répandus parmi les épis naissants[4]. De même, chez les Zapotèques du Mexique, la dernière gerbe de maïs était déposée sur l'autel du dieu local et on la reprenait au moment des semailles, pour l'enterrer au milieu des champs, enveloppée d'une peau d'animal ; si les moissons étaient abondantes, on la déterrait et on en distribuait les grains aux familles qui les gardaient comme un talisman de prospérité[5]. Les Dayaks de Bornéo, peuple encore dans la période de l'animisme, nous livrent clairement la raison originaire de ces usages. A l'époque de la moisson, leur prêtre fait passer l'esprit du riz dans une poignée de grains disposée sur un autel et ces grains sont ensuite mélangés aux semences de la future récolte[6].

Il est à remarquer que ce raisonnement est simplement une traduction, en langage mythologique, du processus naturel qui assure le renouvellement des moissons. Toute la question consiste à déterminer comment s'opère la transmis-

1) Mannhardt, *loc. cit.*, p. 167.
2) Frazer, *The Golden Bough*. Londres, 1890, t. II, pp. 24 et 27.
3) Mannhardt, *Myth. Forsch.*, p. 167.
4) Id., *id.*, p. 317.
5) Brasseur de Bourbourg, *Histoire des nations civilisées du Mexique*. Paris, 1858, t. III, p. 40.
6) Spencer St-John, *Life in the Forests of the Far East*, t. I, p. 187, 192 et suiv.

sion de la vie qui anime les épis. Là où nous croyons voir un phénomène de génération, l'imagination primitive concevait une transmission d'âme, une palingénésie.

### Le rajeunissement du Génie de la moisson.

Autant nos agriculteurs se préoccupent d'éviter la détérioration des semences qui portent en germe la récolte future, autant nos lointains ancêtres s'évertuaient à empêcher l'esprit, destiné à faire vivre la moisson prochaine, de se dissiper ou de se corrompre, en attendant les semailles. Or l'esprit, comme le corps, est exposé aux atteintes de la vieillesse et de la décrépitude. Il était donc prudent de le soumettre à un rajeunissement, de l'amener à une renaissance. D'autre part, il fallait le contraindre à s'introduire dans son nouveau corps, c'est-à-dire dans la moisson suivante. A ce double point de vue s'imposait la destruction du vieux réceptacle. La gerbe sera donc brûlée après que les honneurs lui auront été rendus, et ce seront ses cendres qu'on mélangera aux semences ou qu'on déversera dans les sillons.

Aujourd'hui encore, en Bulgarie, on fabrique avec la dernière gerbe une poupée qu'on revêt de vêtements féminins et qu'on appelle la Reine du Blé; on la promène dans le village, on la livre au feu et on répand les cendres dans les champs[1]. Nous retrouvons ici la tendance presque irrésistible à donner au fétiche, c'est-à-dire à l'objet qu'on croit animé par un esprit, la physionomie qu'on prête à cet esprit lui-même[2]. Presque partout où nous rencontrons la croyance aux vertus magiques de la dernière gerbe, nous trouvons celle-ci revêtue de parures féminines : en Allemagne, en Russie, en

---

1) Mannhardt, *Myth. Forsch.*, p. 332.

2) Cf. Goblet d'Alviella, *Les Origines de l'idolâtrie* dans la *Revue de l'Histoire des Religions*, t. XII, p. 20. Paris, 1885.

France, en Scandinavie, en Angleterre, aussi bien que dans l'Inde et dans l'Amérique centrale. Presque partout aussi, nous voyons qu'on sacrifie cette figurine pour permettre à son âme de passer dans la récolte prochaine. Dans la Silésie, les paysans s'en disputent les lambeaux calcinés et, quand ils ne les enterrent pas dans les champs, ils les suspendent aux arbres de leurs jardins[1]. Parfois le procédé est plus anthropomorphique encore : dans la Haute-Bretagne la dernière gerbe, façonnée en poupée et surnommée la « Mère-gerbe »; reçoit, à l'intérieur, une seconde figurine, plus petite, qui représente évidemment l'enfant dans le sein de sa mère[2] — Déméter enceinte de Coré.

Cependant il se peut aussi que, de la dernière gerbe encore debout, l'esprit ait envahi le corps d'un animal ou même d'une personne humaine. On traitera donc ou l'on feindra de traiter, comme nous venons de voir qu'on traitait la gerbe, tantôt le moissonneur ou la moissonneuse qui auront donné le dernier coup de faulx, tantôt un étranger qui passait en ce moment dans le voisinage, tantôt une créature, domestique ou sauvage, qui se trouvait aux abords ou qu'on avait amenée dans ce but, surtout s'il s'agit d'un animal appartenant à l'espèce qui a prêté ses traits à l'esprit de la moisson.

Aux environs de Grenoble on sacrifiait, à la fin de la récolte, une chèvre qu'on avait préalablement laissée courir parmi les guérets; une partie en était cuite et mangée immédiatement, le reste salé et conservé jusqu'au moment de la moisson suivante[3]. A Pouilly, près de Dijon, c'était un bœuf qu'on traitait de cette façon après l'avoir promené dans les champs[4]. En Transylvanie, la dernière gerbe est fréquemment appelée le Coq; à Udvarhély, un coq, lié à cette gerbe, était tué avec un épieu : ses plumes, mélangées avec les grains de la gerbe,

1) Mannhardt, *Myth. Forsch.*, p. 318.
2) Sébillot, *Coutumes populaires de la Haute-Bretagne.* Paris, 1886, p. 306.
3) Frazer, *Golden Bough*, t. II, p. 15.
4) Mannhardt, *Myth. Forsch.*, p. 60.

étaient répandues dans les sillons lors du labourage[1]. Dans la Saxe-Meiningen, les os des cochons tués à la Noël ou à la Chandeleur sont conservés jusqu'à l'époque des semailles et alors enterrés dans les champs ou insérés dans les sacs aux semences[2]. A Neuhautz, en Courlande, lorsqu'on sème l'orge, le semeur, après avoir mangé sur place une portion de l'échine d'un porc encore munie de la queue, enterre cet appendice dans son champ ; on prétend que les épis atteindront la hauteur de cette queue[3].

Lorsque l'esprit passe dans le corps de la moissonneuse qui a fauché les derniers épis, c'est elle qui assume la dénomination de Mère, Vieille, Reine ou bien de Fille, Fiancée, Épouse. On ne la mettra plus à mort quand viendra la saison des semailles ; mais les indices ne manquent pas d'une époque où l'on feignait tout au moins d'immoler le malheureux étranger qui s'était trouvé à point pour servir de substitut ou d'avatar au génie des récoltes fauchées[4]. Quelquefois, on simulera le procédé naturel d'une génération fictive. Dans la Prusse occidentale, la Mère du blé, c'est-à-dire la moissonneuse qui est restée la dernière au travail, feint d'être prise par les douleurs de l'enfantement. On s'empare alors d'un enfant qu'on déclare son fils ; on emmaillote le jeune garçon et on le porte à la grange dans un sac[5]. En Écosse, où la jeune fille qui a coupé la dernière gerbe prend le nom de Reine, on se contente de lui prédire qu'elle se mariera dans l'année[6].

Le but plus ou moins avoué de ces usages est d'assurer l'abondance des récoltes. Ils remontent à une époque où l'homme avait déjà conçu la notion de collectivité, mais où il s'imaginait que les organismes collectifs avaient une âme et

---

1) Mannhardt, *Die Korndämonen*, Berlin, 1868, p. 15.
2) Id., *Myth. Forsch.*, p. 187.
3) Id., *id.*, p. 186.
4) Id., *id.*, p. 39, 40, 47.
5) Id., *Die Korndämonen*, p. 28.
6) Frazer, *Golden Bough*, t. I, p. 345.

une vie propres, sujettes, de même que la personnalité des individus, à dépérir et à renaître. Ils relèvent, ainsi que l'a si bien fait ressortir Frazer, d'un état religieux où il n'y a ni prêtres, ni temples, ni dieux, mais seulement des esprits, ayant chacun leur domaine spécial parmi les manifestations de la nature, et où les rites ont une portée magique, plus encore que propitiatoire[1].

### Prototypes de Déméter.

On ne peut contester que les ancêtres des Hellènes n'aient traversé cet état d'esprit commun à tous les peuples indo-européens. Qu'on traduise Déméter, soit par la Mère de l'orge ou de l'épeautre[2] (du crétois δηαί, pour ζειαί, orge ou épeautre, *sscr.* yavas), soit, avec d'Arbois de Jubainville[3], par la Mère nourricière (de la racine *dhê* pour *thê*, — du thrace *dê* sucer, allaiter), soit encore, suivant l'étymologie courante, par la Terre-mère (Δῆ ou Δᾶ pour Γῆ-μήτηρ), — cette déesse se retrouve dans la *Korn-mutter* des populations germaniques ; de même que le prototype de Corè se prolonge dans la *Maiden* des campagnes écossaises.

Je ne sais s'il existe dans le folklore contemporain des légendes qui mettent la Fille en rapport avec la Mère. Mais, là où se simule un mariage entre moissonneurs, un des deux fiancés est fréquemment représenté comme perdu et retrouvé, ou endormi et réveillé[4]. Il n'est pas jusqu'à la pré-

1) Frazer, *Golden Bough*, t. I, p. 348 et suiv.
2) *Mythol. Forsch.*, p. 292 et suiv.
3) *Les premiers habitants de l'Europe*, 2º éd., 1899, p. 290.
4) Le réveil de la Belle-au-Bois-dormant par son futur époux a sa contre-partie dans certains districts de Russie et de France, où, le 1ᵉʳ mai, une jeune fille nommée la Fiancée de Mai, s'en va éveiller un jeune homme qui feint de dormir dans les champs sous un amas de branchages ou de fleurs (Mannhardt, *Korn dæmonen*, pp. 341-344).

tendue mise au monde, dans les campagnes poméraniennes, d'un enfant appelé à représenter l'esprit de la prochaine récolte, qui n'ait comme contre-partie la légende classique de Déméter, concevant, sous les embrassements de Jasion « le semeur », Ploutos, le génie de l'abondance, dans un sillon, trois fois labouré, des champs rhariens[1].

Au début, il y eut donc autant de Déméter que de champs ou de domaines cultivés. Ces génies locaux étaient figurés tantôt par un animal ou une femme vivante, tantôt par une gerbe de blé ou un mannequin plus ou moins grossièrement revêtu de parures féminines. C'est la forme anthropomorphique qui a seule survécu dans le culte de Déméter. Cependant l'image de cette déesse reste constamment associée à des épis et même à des gerbes. Les peintures d'un vase apuléen nous font assister à l'adoration d'épis placés dans un *naos*, sans autre représentation de la divinité[2] ; il est difficile de se soustraire à la conclusion qu'on s'y trouve devant une survivance archaïque de l'iconographie démétérienne. Les épithètes de la déesse rentrent fréquemment dans le même ordre d'idées : Ἰουλώ (la gerbe), Ἀζησία (le grain desséché), Σιτώ (la céréale), Χλόη (verdoyante), etc.[3]. Les chants en son honneur étaient intitulés Οὖλοι, Ἰοῦλοι et débutaient par l'exclamation *Oulé! Oulé*[4]!

D'un autre côté, à Phigalie, en Arcadie, Déméter était figurée avec une tête et une crinière de jument[5]. Cette image, dont la mythologie populaire essayait de rendre compte par la transformation de la déesse en jument, dans l'histoire quelque peu scandaleuse de ses rapports avec Poséidon, s'explique tout naturellement, si l'on s'en réfère aux croyances européennes concernant le Cheval de la Moisson ou la Jument du Blé. Un oracle de la Pythie, reproduit par Pausa-

---

1) *Odyssée*, V, 125 et suiv.
2) *Gazette archéologique*, 1879, p. 32.
3) Lenormant dans Daremberg et Saglio, t. I, 2ᵉ partie, p. 1036.
4) Maury, *Rel. de la Grèce antique*, t. II, p. 133.
5) Pausanias, VIII, 42, 3.

nias intitule le sanctuaire de Phigalie « l'antre qui sert de refuge à Déo, la Mère du cheval (Ἱππολεχής)[1] ».

Déméter, sur des monnaies de Corcyre est représentée par une vache allaitant une génisse. « Déméter — reconnaît à ce propos F. Lenormant dans le magistral article qu'il a écrit sur Cérès pour le Dictionnaire de MM. Daremberg et Saglio — est susceptible d'être elle-même symbolisée sous les traits d'une vache[2] ». Le symbole, ici, pourrait bien être une réminiscence. Sur des vases de terre cuite, la déesse est figurée avec un veau sur les genoux[3]. On n'a pas osé le lui faire allaiter, comme dans certaines représentations égyptiennes et orientales de déesses-mères[4]; mais l'intention y était, ou du moins elle y avait été. La vache, que, chaque été, les habitants d'Hermionè, vêtus de blanc et couronnés d'hyacinthe, conduisaient solennellement au sanctuaire de Déméter Chtonia, pour y être immolée par de vieilles femmes à l'aide de faucilles, avait dû être, à l'origine, une Vache de la moisson, c'est-à-dire une forme archaïque de Déméter elle-même[5].

On peut se demander s'il ne faut pas attribuer la même signification au serpent dont Hésiode signalait la présence dans le sanctuaire de Déméter à Éleusis, en le qualifiant de « ministre » (ἀμφίπολος) de la déesse[6]. Tantôt le serpent traîne le char de Déméter[7]; tantôt elle le tient sur son giron où il est caressé par des mystes[8]. Parfois il s'enroule

---

1) Pausanias, VIII, 42, 6. — La statue d'un cheval figurait dans l'Eleusinion d'Athènes (*id.*, I, 14, 3).

2) *Dictionnaire des Antiquités*, t. I, 2ᵉ partie, p. 1067.

3) Clarac, *Monuments de sculpture*, pl. 438 E, n° 786 F.

4) Ledrain, *Gazette archéologique*, 1877, p. 135. — Longpérier, dans l'*Athenæum français*, 1855, p. 24.

5) Pausanias, II, 35, 3-7. — Pausanias ajoute que, dans la partie secrète du temple, se dressait une image mystérieuse dont seules les vieilles sacrificatrices connaissaient la nature. — Cette icône était, sans doute, comme à Phigalie, la représentation thériomorphique de la divinité.

6) Dans Strabon, lib. IX, ch. ɪ, § 9.

7) Overbeck, *Kunstmythologie*, Atlas, pl. XVII, n° 24.

8) *Id.*, pl. XVI, n° 1 *b*.

autour de son sceptre ou de son flambeau[1]. Sur certains monuments, il lui entoure même le corps de ses replis[2]. Or l'archéologie contemporaine a mis en lumière que, quand certains animaux figurent comme les compagnons habituels d'un dieu, ou, encore, quand ils lui sont sacrifiés de préférence à d'autres espèces, ces animaux offrent souvent la physionomie première du dieu lui-même.

Pour le porc, si le rapprochement peut nous choquer, il n'en repose pas moins sur des présomptions tout aussi probantes. On sait le rôle important que le sacrifice du cochon remplissait dans le culte de Déméter et spécialement dans les Mystères d'Éleusis. La déesse est parfois représentée avec un porc dans les bras[3]. Une scholie de Lucien, publiée, pour la première fois en 1870, par M. Rohde, rapporte que, dans le dème d'Halimonte, lors des Thesmophories, les femmes avaient coutume d'offrir à Déméter et à Perséphonè des cochons, qu'on précipitait, avec des gâteaux et des branches de pin, dans une caverne habitée par des serpents. Quelque temps après, les femmes descendaient dans la caverne, mettaient les serpents en fuite, et rapportaient les restes corrompus de l'offrande; ces lambeaux étaient placés sur l'autel, puis mélangés aux semences, en vue de garantir l'abondance de la récolte[4]. Les Grecs expliquaient, tantôt, qu'un troupeau de porcs, paissant à l'endroit où Hadès s'était enfoncé dans le sol avec Corè, avaient été entraînés au fond du gouffre; tantôt, que ces animaux avaient entravé les recherches de Déméter, en oblitérant les traces du rapt[5]. Nous n'avons pas besoin de ces explications alambiquées pour reconnaître la survivance d'un âge où Déméter était la Truie de la moisson[6].

1) *Archæol. Zeitung*, 1852, pl. XXXVIII.
2) Overbeck, *Atlas*, pl. XVI, nº 8. — Millingen, *Ancient Coins*, pl. V, nº 8.
3) Il existe au Louvre une statuette de terre cuite, où la déesse tient d'une main un flambeau, de l'autre un petit cochon.
4) Frazer, *Pausanias*, t. V, p. 29.
5) Pausanias, liv. I, 14, 3.
6) Étranges ironies de l'histoire! Les érudits de l'antiquité classique se sont

J'ajouterai, pour en finir avec cette description de la ménagerie démétérienne, que les textes rangent, parmi les animaux en rapport avec la déesse, la grue, la chèvre et le coq[1]. Or ces animaux complètent précisément la liste de ceux qui servent à incarner l'esprit de la récolte.

## Unification des Mères du blé.

Tandis que chez d'autres peuples européens, le développement religieux a passé à côté et au-dessus des traditions populaires, les Grecs orientèrent graduellement l'évolution de leur folk-lore vers le riche polythéisme qui apparaît déjà tout constitué dans les temps préhomériques. Quand on reconnut que l'esprit de la moisson était partout le même et qu'il n'avait plus besoin d'être réincarné chaque année; en d'autres termes, qu'il régissait du dehors les récoltes successives, les nombreuses Mères de la Moisson, quelle que fût leur physionomie, se fondirent assez facilement les unes dans les autres. Cette fusion se fit au profit du génie local qui portait le nom de Déméter.

Récemment encore, aux environs d'Auxerre, la poupée qu'on plaçait sur un bûcher dans les fêtes de la moisson, en lui demandant d'assurer une moisson favorable, portait le nom

donné beaucoup de mal pour ne pas voir que Déméter avait été quelquefois une truie et c'est dans une étable à porcs « inter pullos et porcos » que Matthœi retrouva, en 1780, près de Moscou, le texte de l'hymne homérique où la légende de la déesse a revêtu sa forme la plus humaine et la plus poétique. (Lettre de Ruhnken reproduite dans Hignard, *Des hymnes homériques*. Paris, 1864, p. 292).

1) Le coq était également consacré à Perséphonè. Sur un monument reproduit par les *Annales de l'Institut d'archéologie* de Rome, cette déesse, assise à côté d'Hadès, tient d'une main un coq, de l'autre une gerbe d'épis. (Année 1847, t. XIX, pl. F.)

de Cérès[1]. Comme l'observe Mannhardt, la présence de ce nom indique simplement que le maître d'école a passé par là. Mais le procédé a dû être le même dans la Grèce préhomérique. Des Crétois ont dû dire à des Ioniens, en Crète même, en Attique, ou ailleurs : « Votre Mère du Blé, nous la connaissons ; c'est notre Déméter ». Pour les Crétois, Déméter, c'était « la Mère de l'Épeautre ». Pour les Grecs des autres dialectes, Déméter fut un nom propre, le nom de la déesse qui, du haut de l'Olympe, remplissait les fonctions de leurs anciennes Mères du Blé. — Suivant Diodore, les Crétois affirmaient que Déméter avait passé de chez eux en Attique, puis dans le reste de la Grèce[2].

Le « Filles » du blé, les Corè, subirent le même traitement que les « Mères » ; elles furent, elles aussi, ramenées à l'unité. Logiquement, on aurait dû aboutir à l'identification des deux déesses, et c'est ce que tenta de faire le syncrétisme ultérieur[3]. Mais, à l'époque où se constituèrent les principaux dieux du Panthéon hellénique, elles possédaient chacune une individualité trop accusée, pour qu'on ne les maintînt pas en présence.

Déméter demeura la mère nourricière par excellence, celle qui faisait croître les moissons, et qui en pleurait la disparition périodique, comme une mère pleure l'enlèvement de sa fille. — Corè, de son côté, resta l'esprit de la prochaine récolte, la personnification de la semence, qui passe sous terre une partie de l'année. L'anthropomorphisme aidant, on vit dans Corè l'épouse du Dieu qui règne sur le monde souterrain.

---

1) Mannhardt, *Myth. Forsch.*, p. 319.

2) Diodore, V, 77. Il est à remarquer que, dans l'hymne homérique à Déméter, celle-ci, quand elle se présente aux filles de Céléos, se dit arrivée de Crète (*In Cererem*, vers 123).

3) Les deux déesses sont fréquemment associées sur les monuments ; elles reçoivent les mêmes insignes et les mêmes épithètes ; quelquefois elles partagent le même trône. « Toutes deux, écrit le scholiaste d'Euripide, se nomment Déméter, la ieune comme l'aînée » (*Ad Phœniss.*, 689).

### L'enlèvement et le retour de Corè.

A cette époque le mariage se solennisait encore par un simulacre de rapt ; toutefois il fallait, pour que l'enlèvement devînt un lien légal et réciproque, certaines formalités complémentaires, parmi lesquelles figurait sans doute un rite analogue à la *confarreatio* des Romains. A Athènes, dans les temps historiques, les époux se partageaient un gâteau, πλακοῦς γαμικός, fait de farine et de sésame[1]. C'est ainsi que, suivant la légende samienne, Zeus solennise son union avec Héra[2] ; Denys d'Halicarnasse va jusqu'a donner à cette forme de mariage la dénomination de *hieros gamos* par excellence[3]. Hadès a fait manger à Corè un pepin de grenade ; la déesse a eu beau être enlevée contre son gré, elle ne peut plus abandonner son ravisseur.

Au fond, c'est l'idée, si bien mise en évidence par Robertson Smith, que participer à une même nourriture, c'est se pénétrer d'une même essence et par conséquent se rendre solidaire d'une même destinée. Il est intéressant de suivre l'application de ce principe, non pas seulement à l'indissolubilité du mariage, mais encore à ce qu'on pourrait appeler l'union de l'être humain avec les puissances de la mort, chez la plupart des peuples qui possèdent, dans leur mythologie, la légende d'un vivant, temporairement descendu au pays des défunts. Dans l'épopée finnoise, Wænæmoïnen ne revient sur terre que pour avoir refusé de boire la bière de Tuonetar, la reine des morts[4]. Une aventure analogue se raconte chez

1) Iwan Muller, *Handbuch des klassischen Alterthums Wissenschaft.* Nordlingen, 1887, t. IV, p. 147 c.

2) Athénée, *Deipnosophistæ.* Lib. XV, 672 *b* éd. de Leipsig, 1868, t. IV, p. 112.

3) *Roman. Antiquit.*, II, 25, 4-5, éd. Didot, p. 87.

4) Léouzon-Leduc, *Le Kalevala*, 16º Runo. Paris, 1868, p. 139.

les Sioux de l'Amérique septentrionale, où un héros revient des Enfers, parce qu'il s'y est abstenu de toucher à un plat de riz, sur le conseil d'un de ses oncles, descendu avant lui au funèbre séjour. Dans la tradition des Néo-Zélandais, une Maori, ayant pénétré dans le pays des âmes, reçoit de son père défunt un avis analogue et repousse en conséquence les mets qu'on lui présente[1].

Il est évident que les aventures de Déméter et de Corè, telles que nous les trouvons dans l'hymne homérique, ont déjà été profondément remaniées. On sent quel'humanisme grec, en son rapide essor, s'est appliqué à les coordonner et à les dramatiser. Si on veut se figurer ce qu'elles devaient être dans leur naïveté première, il faut s'adresser aux mythes par lesquels certains peuples, encore dans la phase de l'animisme, ont cherché à expliquer l'origine de leurs rites par des aventures attribuées à des êtres surhumains. Voici, par exemple, une légende qu'un missionnaire belge, le P. De Smet, recueillit, vers 1840, chez les Potowotomies de l'Amérique septentrionale[2]; il est intéressant de la mettre en regard du drame démétérien :

Les Manitous étaient jaloux des deux frères Nanabouzou et Chipiapous. Celui-ci s'étant aventuré seul sur un lac glacé, fut englouti grâce à leurs artifices.

Nanabouzou fit la guerre aux Manitous et parcourut le pays en se lamentant, puis s'étant noirci la figure, resta assis pendant six années, en prononçant sans cesse le nom de Chipiapous.

Hadès, étant devenu amoureux de Corè, l'emporta sous terre, un jour qu'elle s'était aventurée dans les champs, sans sa mère.

Déméter parcourut la terre en se lamentant, puis, après s'être déguisée en vieille femme et assise sur une pierre, elle s'arrêta à la cour du roi d'Éleusis, où elle resta dans l'affliction, sans boire ni manger, pendant neuf jours.

---

1) Edw. B. Tylor, *Civilisation primitive*. Paris, 1878, t. II, pp. 68-69. M. Tylor ajoute : « Il peut y avoir une profonde analogie entre ces légendes et l'épisode d'Homère relatif aux mangeurs de lotus ».

2) De Smet, *Mission de l'Orégon*. Gand, 1848, t. I, pp. 284 et suiv. — M. A. Lang a également cité cette légende comme exemple de parallélisme avec les légendes des mystères grecs (*Myth, Ritual and Religion*, t. II, p. 270).

Les Manitous, effrayés, construisirent une loge où ils invitèrent le frère de leur victime à un repas solennel. Il se rendit à l'invitation et, s'étant lavé la figure, accepta une boisson composée avec des herbes médicinales. Aussitôt sa tristesse l'abandonna, pendant que l'assistance se livrait à des chants et à des danses magiques qui furent l'origine des mystères de la grande Danse-médecine.

Les Manitous rappelèrent alors Chipiapous à l'existence, mais, comme il lui était interdit d'entrer dans la loge de son frère, celui-ci l'envoya régner sur le pays des morts.

Nanabouzou avant de partir, initie tous les membres de sa famille aux secrets de la grande danse et donne à chacun d'eux un sac (de talismans) avec ordre de le transmettre à ses descendants.

La mère de Corè, déridée par une plaisanterie de la suivante Iambe, finit par accepter le cycéon, mélange de farine et d'eau parfumé avec de la menthe, et, après avoir enlevé son déguisement, consentit à s'installer dans le temple que le roi d'Éleusis avait construit à son intention. Cependant, s'obstinant à vivre loin de l'Olympe, elle continua à frapper la nature de stérilité, jusqu'à ce que les dieux vinssent à composition, pour lui rendre sa fille.

Il fut entendu que Corè reviendrait, chaque printemps, passer quatre mois près de sa mère; mais que, le reste de l'année, elle irait partager le trône d'Hadès dans les Enfers.

Déméter regagne l'Olympe, mais, auparavant, elle charge Triptolème d'enseigner partout les procédés de l'agriculture et Céléos de transmettre à ses descendants la connaissance des Mystères.

Personne n'accusera Nanabouzou d'avoir repris la succession de Déméter, ou réciproquement, et, comme il est peu probable que le père De Smet ait interprété la mythologie des Iroquois à travers la poésie hellénique, nous devons bien constater, dans les traditions indigènes du Nouveau-Continent, l'éclosion spontanée de tous les éléments qui, chez une race supérieurement douée comme les Grecs, pouvait engendrer la légende de l'hymne homérique.

### La déesse-terre des Pélasges.

Le travail de condensation et d'adaptation mythologique qui aboutit au culte de Déméter dut s'accomplir au cours des siècles qui suivirent l'établissement des Thraces parmi les populations pélasgiques de la mer Egée. Je ne vois aucune bonne raison de ne pas admettre la tradition qui attribue aux Thraces l'introduction ou du moins le perfectionnement de l'agriculture en Attique et même la fondation d'Éleusis. Cependant les Pélasges avaient une déesse-terre qui pouvait, elle aussi, se prétendre la Mère des Moissons. « C'est la Terre, chantaient à Dodone les prêtresses Péléiades, qui produit les fruits ; donnez à la Terre le nom de Mère[1] ». On fit donc de Déméter la Terre-Mère, — rapprochement que son nom même facilitait, — et on lui assigna comme époux, tantôt un Zeus chtonien, regardé comme le maître et le dispensateur des richesses souterraines, tantôt le dieu des eaux, *Poseidon pater*, qui embrasse la terre de son humide étreinte.

L'assimilation se révèle notamment dans la Déméter adorée sous le nom de Pélasgis à Argos et sous celui de Chtonia à Hermionè[2]. A vrai dire, elle ne fut pas si complète que la Grèce ne gardât ses déesses-Terre d'origine pélasgique, telles que Gè, Gaïa, Daïra, etc., et, bien des siècles plus tard, Ovide appliquait encore cette distinction aux divinités latines correspondantes :

*Officium commune Ceres et Terra tuentur :*
*Hæc præbet causam frugibus, illa locum[3],*

1) Γᾶ καρποὺς ἀνίει, διὸ κλήζετε ματέρα γαῖαν (Pausanias, X, 12, 10).

2) Le sanctuaire d'Argos faisait remonter ses origines à Pélasgos, fils de Triopas, et celui d'Hermionè à un rameau de Pélasges, les Dryopes (Pausanias, II, 22, 2-4 et 35, 3).

3) Ovide, *Fastes*, I, v. 673.

Parmi les divinités qui avaient droit aux prémices de la récolte, un décret athénien du v° siècle avant notre ère, publié par M. Foucart[1], mentionne, à côté de Déméter et de Corè, un couple simplement appelé « le Dieu et la Déesse ». Cet anonymat est déjà une présomption qu'il y a là d'anciennes divinités pélasgiques, s'il faut admettre, à la suite d'Hérodote, que les Pélasges avaient l'habitude de n'attribuer à leurs divinités ni noms, ni épithètes[2]. Cependant des monuments d'une époque ultérieure, trouvés dans les mêmes parages, font connaître les traits de ces deux divinités : l'une est représentée par un personnage barbu qui, dans un bas-relief du 1er siècle après Jésus-Christ, est accompagné du nom : Πλούτων[3]. C'était donc bien le Zeus chtonien. Quant à sa compagne anonyme, que M. Foucart assimile à Perséphonè, n'aurait-elle pas été originairement la Gè Kourotrophos adorée dans un temple d'Athènes en compagnie de Déméter[4]? A Patræ, en Achaïe, également, Pausanias constate que Gè, Déméter et Corè étaient associées dans un même culte[5].


### Culte public de Déméter.


Le culte des deux déesses devait être entièrement constitué lors de l'invasion dorienne. Hérodote nous apprend que les Doriens essayèrent vainement de le proscrire dans le Péloponèse[6]. Même le culte spécial de la Déméter éleusinienne apparaît antérieur aux migrations ioniennes du xi° sièle, car les Ioniens le portèrent avec eux dans les colonies

1) *Bulletin de correspondance hellénique*, t. IV, 1880, p. 227, n. 35.
2) La remarque est de M. Toutain (*Revue de l'Histoire des Religions*, t. XLV, p. 400).
3) Foucart, *Recherches sur les Mystères d'Eleusis*, 1er mémoire, p. 26.
4) Pausanias, I, 22, 3.
5) Id., VII, 21, 4.
6) Hérodote, II, 117.

qu'ils fondèrent à Éphèse, à Smyrne, à Milet[1]. Il comprenait
sans doute des fêtes analogues à celles qui étaient célébrées
un peu partout, en Attique, en l'honneur de Démèter. Une
inscription découverte à Éleusis, il y quelques années, mentionne, parmi les fêtes qui y étaient solennisées, de temps
immémorial, en l'honneur de la déesse, les *Chloïa*, quand le
blé sortait de terre, les *Kalamaia*, quand il commençait à
jaunir, et les *Haloa*, quand on l'apportait dans l'aire. Peut-être
convient-il d'y ajouter les sacrifices des *Proërosia*, que les
Athéniens accomplissaient au moment du labour, et même les
Thesmophories, avant que cette fête des semailles eût été mise
en rapport avec l'institution de la famille et de la propriété.

Dans son ensemble ce culte comportait des sacrifices, des
panégyries, des exhibitions de symboles, notamment d'em-
blèmes phalliques, enfin des chœurs et des jeux. C'était, en
somme, le développement des rites pratiqués par les premières
communautés agricoles de l'Attique, graduellement mis en
rapport avec l'idée plus haute qu'on se faisait désormais des
puissances surhumaines. On admettait que les dieux avaient
la liberté d'accepter ou de rejeter les vœux de leurs adorateurs. D'opération purement conjuratoire l'immolation des
victimes était devenue une offrande destinée a se rendre
propices les divinités. — Certains sacrifices ne pouvaient être
offerts que par des prêtres ou des familles déterminées. Il y
avait des cérémonies exclusivement réservées aux femmes.
Néanmoins, sauf ces restrictions, le culte des grandes déesses
n'avait rien de mystérieux, ni de secret[2].

---

1) Ottfried Muller a établi le fait pour Éphèse, en s'appuyant sur un passage
de Strabon relatant que dans cette ville les Nélides ou Androclides avaient
gardé, comme l'archonte-roi d'Athènes, le privilège d'offrir les sacrifices à Déméter, ainsi que le titre de βασιλεύς (article *Eleusinia* dans l'*Algemeine Encyclopädie*, sect. I, t. XXXIII, p. 274). — M. Foucart arrive a la même conclusion pour Milet, en rapprochant de la fête des Kalamaia l'existence d'un mois
*Kalamaiōn* dans le calendrier des Milésiens (*Revue des Études grecques*, 1893,
p. 322.)
2) M. Foucart croit cependant que les *Haloa* impliquaient pour les femmes
une véritable initiation à laquelle présidait la prêtresse de Démèter (*Revue des*

### Les rites privés des Eumolpides.

Où donc étaient les Mystères et que couvraient-ils ? — A côté des rites qui étaient restés, pour ainsi dire, dans le domaine public, à Éleusis, comme ailleurs, il y en avait d'autres que les Éleusiniens, ou plutôt les membres de certaines familles, s'étaient réservés pour un usage privé. Alfred Maury écrit à propos d'Athènes : « Dans quelques villes, quoique les tribus se fussent confondues en un même peuple et eussent réuni, en des cérémonies communes, l'adoration de leurs dieux, plusieurs d'entre elles gardaient, en outre, un culte privé[1] ». C'était aussi le cas d'Éleusis, ainsi qu'en témoignent les allusions, si fréquentes dans les textes et les inscriptions, aux traditions patrimoniales des Eumolpides, τὰ πάτρια τῶν Εὐμολπιδῶν[2]. Ces traditions ne constituaient pas seulement le culte privé des Eumolpides, mais encore des Kéryces et des autres branches qui formaient les *génè* des deux déesses, τὰ γένη τὰ περὶ τὼ θεώ : les Croconides, les Cœronides, les Phytalides, etc.[3]. Une de ces branches, les Lycomides, s'établit de bonne heure à Phlia, où elle transporta les rites d'Éleusis[4].

Ces familles d'origine thrace célébraient en commun, à l'époque des semailles ou de la récolte, une fête religieuse qui comportait deux parties distinctes : 1° une initiation préalable, à l'usage des enfants, quand ils avaient

*Etudes grecques*, 1893, p. 322). — Il n'est pas établi que cette initiation fût en rapport avec les Mystères, bien que la prêtresse jouât un rôle important dans ces derniers, notamment dans la représentation du drame mystique.

1) A. Maury, *Religions de la Grèce antique*, t. II, p. 2.

2) Cicéron demandait à Atticus de lui en envoyer une copie d'Athènes (*Epist. ad Atticum*, I, 9).

3) M. Foucart en donne une énumération complète (*Recherches sur les Mystères d'Eleusis*, 2° mémoire, Paris, 1895, p. 20 et suiv.).

4) Id. pp. 47-48.

atteint un certain âge ; peut-être des femmes qui entraient dans les *genè* par le mariage et, éventuellement, des étrangers qui étaient l'objet d'une adoption. Cette initiation comportait un passage à travers le pays des morts ; 2° un ensemble de rites destinés à agir sur la condition des récoltes locales. Ces rites comprenaient : une représentation mimée des destinées de la semence, que personnifiait Corè ; une exhibition d'objets sacrés, investis d'une valeur talismanique ; enfin des incantations et des conjurations diverses.

Beaucoup d'érudits ont voulu voir dans la représentation du « drame mystique », le point culminant du rituel. L'opinion est erronée, en tant qu'elle fait consister l'essence des mystères dans la révélation des aventures de Déméter et de sa fille. Le sujet du drame éleusinien n'eut jamais en lui-même rien d'ésotérique[1]. Il est exposé tout au long, non seulement dans l'hymne homérique à Déméter et dans d'autres poésies — comme les hymnes aujourd'hui perdus de Pamphos et d'Archiloque, qu'à la rigueur on pourrait qualifier de liturgiques, — mais encore dans des œuvres purement profanes, comme les traités ou les poèmes que consacrèrent au même sujet, sans encourir le moindre reproche d'indiscrétion, Apollodore, Ovide, Claudien, Nonnus. Même les variantes de la légende qui ont incontestablement leur source dans les traditions locales d'Éleusis — tels que les incidents relatifs au séjour de Déméter dans cette ville — s'étaient incorporés de longue date dans le fond commun de la mythologie hellénique. Toutefois, il est probable que la mise en scène de l'enlèvement et du retour de Corè était elle-même regardée comme un charme de nature à agir sur l'abondance des moissons, ou plutôt sur la réussite des semailles.

Cette réussite, aujourd'hui encore, dépend de circonstances météorologiques qui échappent à l'action et même aux prévisions de l'homme. Aussi l'agriculture est-elle restée

---

1) Homère mentionne le couple de Perséphone et d'Hadès. (*Iliade*, IX, 456 et 569 ; *Odyssée*, X, 491.)

le domaine par excellence de la superstition et de la magie populaires. Combien les pratiques que j'ai rappelées plus haut, à la suite de Mannhardt et de Frazer, devaient avoir plus d'importance dans des communautés où elles n'étaient combattues ni par la science ni par la religion ! Alors que les rites dont se composait le culte officiel étaient devenus des actes propitiatoires, les rites des Mystères gardaient la portée conjuratoire et, pour ainsi dire, mécanique, d'un *opus operatum*. L'autonomie et la majesté divines, avec lesquelles il fallait désormais compter, étaient suffisamment sauvegardées par l'allégation que Déméter elle-même avait communiqué aux chefs des Éleusiniens ces moyens de commander directement aux forces de la nature[1].

Les conjurations qui poursuivent un but agronomique offrent — précisément parce qu'elles reposent sur les déductions générales de la magie sympathique — un air de famille qui a fait, plus d'une fois, conclure erronément à des emprunts. Les fêtes par lesquelles les Phéniciens célébraient la mort ou la résurrection d'Adonis — ou plutôt sa descente aux enfers et son retour sur terre, — étaient regardées comme des cérémonies indispensables pour obtenir la fertilité des champs, la fécondité des troupeaux et des familles[2]. C'est toujours l'idée qu'on favorisera la transmission ou le réveil de la vie, en les préfigurant. Chez les non-civilisés, le même raisonnement a abouti fréquemment aux mêmes résultats, c'est-à-dire à de véritables représentations dramatiques figurant les modifications qu'on désire voir s'opérer dans le cours des phénomènes naturels.

M. Walter Fewkes a décrit récemment les rites, en partie publics, en partie secrets, qu'accomplissent, chez les Moquis du Canada, en vue de faire tomber la pluie, les confréries de

<hr>

1) *Homeris Carmina. Hymn. in Cererem*, v. 473-478.
2) C. P. Tiele, *Histoire des anciennes Religions de l'Égypte et des peuples sémitiques*. Paris, 1882, p. 292.

l'Antilope et du Serpent[1]. Nous y voyons des prêtres ou plutôt des sorciers célébrer des sacrifices et des fumigations; entonner des chants rituels en l'honneur des Esprits; exécuter des danses mystiques en maniant des serpents et en tenant dans la bouche des épis de blé; enfin mimer, dans une chambre souterraine, en présence des initiés, les aventures d'un personnage nommé Ti-yo, sa descente dans le monde des esprits, les épreuves qu'il y subit et son retour parmi les vivants, auxquels il apporte la connaissance des rites qui procurent la pluie. — Le point culminant des fêtes qui se prolongent pendant dix jours, est la cérémonie finale qui consiste à baigner ou à laver, dans un liquide consacré, des serpents qui sont ensuite mis en liberté.

Ce dernier épisode est l'équivalent du rite qui terminait les Mystères d'Éleusis et qui consistait à déverser sur le sol l'eau de deux plémochoés, tandis que l'hiérophante prononçait la phrase suffisamment explicative : Féconde, enfante, enfante à outrance[2]. A Éleusis, dans les temps historiques, la cérémonie n'avait peut-être plus que la valeur d'une survivance. Cependant un écrivain du III° siècle ap. J.-C. la nomme encore « le grand et secret mystère des Éleusinies »[3].

---

1) *The Snake Dance of the Moquis of Arizona* dans le quatrième volume du *Journal of American Ethnology and Archæology*. Boston, 1894.

2) ὖε, κύε, ὑπερκύε. Voir plus haut, p. 27. — Dans le Holstein — cependant un de ces pays de l'Europe centrale où l'agriculteur souhaiterait souvent de fermer, plutôt que d'ouvrir, les écluses célestes — on prend soin d'arroser la figurine qui personnifie la Mère du blé, quand on l'a solennellement ramenée sur le dernier chariot (Mannhardt, *Myth. Forsch.*, p. 316).

3) Τὸ μέγα καὶ ἄρρητον Ἐλευσινίων μυστήριον. *Philosophoumena*, t. V, 1.

### L'admission des étrangers.

Les charmes de toute catégorie forment des secrets qu'il est avantageux de garder pour soi; qu'il est imprudent de confier à des étrangers. Les Eumolpides auront donc grand soin de se réserver le monopole de leurs rites, et, pour plus de sécurité, ils allégueront que Déméter le leur a commandé. D'autre part, la fertilité exceptionnelle de leurs campagnes dut exciter de plus en plus l'admiration et l'envie de leurs voisins. Ceux-ci finirent par obtenir l'initiation au culte privé des Eumolpides, sans devoir passer par la formalité de l'adoption dans les *génè*. Ce jour-là, les *sacra gentilicia* se transformèrent en Mystères. Lobeck et Guigniaut ont bien saisi la distinction, que leurs successeurs ont parfois perdue de vue : « Les *sacra gentilicia*, écrit Guigniaut, étaient plutôt exclusifs que secrets; les Mystères plutôt secrets qu'exclusifs[1] ».

Cette transformation eut plusieurs conséquences importantes. Il y eut désormais deux espèces de participants : les membres des *génè* démétériennes, qui gardèrent la haute main, tant sur l'admission des profanes que sur l'organisation des Mystères, et les étrangers, de plus en plus nombreux, qui, une fois initiés, purent assister aux rites et en recueillir personnellement le bénéfice.

Peut-être cette transformation eut-elle lieu à la suite de la guerre entre Éleusis et sa trop proche voisine, Athènes. Il doit y avoir un fond de réalité dans ce conflit dont les légendes de l'Attique nous ont conservé le souvenir. Les descendants d'Eumolpe y laissèrent leur souveraineté; mais ils gardèrent leur culte[2], et, comme les Athéniens tenaient à

1) *Mémoires de l'Institut de France*, t. XXI. Paris, 1857, p. 40.
2) Pausanias, 1, 38, 3.

s'y faire admettre, la nécessité de l'initiation permit aux vaincus non seulement de maintenir leur prestige spirituel, mais encore de devenir les instituteurs religieux de leurs vainqueurs, ensuite du monde hellénique et, finalement, de la société gréco-romaine. Les Mystères d'Éleusis figurent assurément parmi les institutions religieuses qui ont le plus concouru à développer le sentiment de l'unité hellénique. Quand le dadouque Callias fut envoyé en ambassadeur aux Lacédémoniens pour solliciter la paix, il fit valoir les services qu'Athènes avait rendus aux autres Grecs par le don des Mystères. « C'est Triptolème, leur dit-il, en invoquant la tradition d'Athènes, qui, le premier, ouvrit les saints Mystères aux étrangers, notamment à l'auteur de votre race, Hercule, et à vos compatriotes, les Dioscures »[1]. — Encore quelques siècles; l'institution, de nationale, sera devenue cosmopolite, et le rhéteur Aristide pourra s'écrier : « Éleusis est un sanctuaire commun à toute la terre, κοινόν τι γῆς τέμενος[2]. »

---

1) Xénophon, *Hellenica*, VI, 3 ; éd. Didot, p. 447.

2) Aristide, *Eleusinios*, éd. Dindorf, p. 415. — Pendant longtemps les étrangers, pour être admis à l'initiation, durent se faire naturaliser à Athènes ou adopter par quelque citoyen. Mais cet usage tomba en désuétude. (Cf. Lenormant, dans *Daremberg et Saglio*, t. II, p. 556.)

# CHAPITRE III

## L'ESCHATOLOGIE DES MYSTÈRES.

Dans la partie précédente, j'ai essayé de reconstituer le noyau primitif des Mystères. J'ai montré que, à l'origine, il y avait lieu de distinguer l'initiation proprement dite des rites secrets qui visaient l'objet essentiel de l'institution[1]. Cet objet était de faire réussir les récoltes des familles vouées au culte des grandes déesses éleusiniennes, τὰ γένη τὰ περὶ τὼ θεώ — par extension, de procurer aux initiés abondance et prospérité. — Or, lorsque fut rédigé l'hymne homérique à Déméter, à la fin du viii° ou au commencement du vii° siècle avant notre ère, les Mystères nous apparaissent avec un tout autre but : celui d'assurer à leurs adeptes le bonheur dans la vie future. Comment s'est faite cette substitution?

---

1) Ne pourrait-on voir une allusion à cette distinction, et non une simple redondance poétique, dans le vers 481 de l'hymne homérique à Déméter, où le poète mentionne successivement *l'initiation* et la *participation* aux mystères : Ὃς δ' ἀτελὴς ἱερῶν, ὅς τ' ἄμμορος. Il est à remarquer que Platon emploie également deux termes successifs pour désigner le profane : « ἀμύητος καὶ ἀτέλεστος » (*Gorgias*, 105), à moins que, chez lui, ce ne soit une allusion à la distinction des petits et des grands Mystères. De même encore, Andocide dit à ses juges : « Vous avez été initiés et vous avez contemplé les rites des deux Déesses » (πρὸς δὲ τούτοις μεμύησθε καὶ ἑωράκατε τοῖν θεοῖν τὰ ἱερά. *Orat. Graec.*, éd. Didot, t. I, p. 53, § 31).

### L'initiation chez les non-civilisés.

Ici encore, si nous voulons reconstituer les antécédents d'une institution qui remonte aux âges préhistoriques de la Grèce, nous ferons bien de consulter les usages analogues, qui, chez les non-civilisés, semblent le fruit d'un raisonnement commun à toutes les fractions de l'humanité dans les phases rudimentaires du développement mental.

En Australie, chez les indigènes des Nouvelles-Galles du Sud, quand les jeunes gens arrivent à l'âge de puberté, on les fait enlever par un personnage, nommé Thuremlin, qui feint de les tuer, de les dépecer, puis de les rappeler à la vie[1]. Le long de la rivière Darling, cette initiation comprend la cérémonie suivante : Les néophytes sont amenés près d'une fosse où est couché, sous une légère couche de terre, un vieillard qui tient en main une branche d'arbre. Aux accents d'un hymne magique il se met à agiter son rameau et finit par se relever[2]. Ne croirait-on pas lire la description que donne Firmicus Maternus de la *passion* de Dionysos, quand il montre le dieu étendu sur une couche funèbre dans les ténèbres : « On déplorait sa mort avec d'amères lamentations, puis on introduisait de la lumière et l'hiérophante, après avoir ondoyé le néophyte, chantait lentement le distique suivant : « Courage, mystes, maintenant que votre dieu est sauf, pour vous aussi ce sera le salut! »[3] — En Polynésie, aux îles Fidji, on conduit les jeunes gens devant une rangée d'individus cou-

---

1) A. L. P. Cameron, *Tribes of New South Wales*, dans le journal de l'*Anthropological Institute.*, Londres, 1884-1885, t. XIV, p. 358.

2) A. Howitt, *Australian ceremonies of initiation*, dans le journal de l'*Anthr. Inst.*, Londres, 1883-1884, t. XIII, p. 453.

3) Julius Firmicus Maternus, *De error. prof. Relig.*, éd. Rigaltius, p. 15.

chés qui simulent des cadavres couverts de sang de porc. A un cri poussé par le prêtre, ils se relèvent vivement, et, tandis que la cérémonie continue, vont se laver à la rivière voisine[1].

Dans certaines parties du Congo, les jeunes gens en âge de passer hommes feignent de tomber morts. Emportés par les féticheurs dans la forêt, ils y passent plusieurs mois, parfois plusieurs années; puis ils rentrent dans leur famille, mais ils doivent se comporter comme s'ils avaient tout oublié de leur vie antérieure, y compris le langage et l'habitude de se nourrir eux-mêmes. On doit refaire leur éducation, comme s'il s'agissait de nouveau-nés[2]. — Des particularités analogues ont été signalées parmi les Peaux-Rouges de la Virginie et les indigènes de la Nouvelle-Guinée. Chez ces derniers, on force les néophytes à s'introduire dans la gueule d'un monstre fabriqué à la ressemblance d'un casoar ou d'un crocodile; on dit alors que le diable les a avalés et, tandis que les mères se lamentent, on conduit les patients, les yeux bandés, dans une caverne obscure, où les sorciers, tout en se livrant à un épouvantable charivari, feignent de leur trancher la tête. Après huit ou neuf jours, on leur communique les coutumes de l'association et les traditions de la tribu; on leur enjoint de garder le silence sur ce qu'ils ont vu et entendu; enfin on les rend à leur famille. Mais, ici également, ils doivent feindre d'avoir à refaire leur éducation, comme s'il s'agissait de petits enfants[3].

Suivant M. Frazer, le but de ces rites est soit de mettre temporairement l'âme des jeunes gens à l'abri de certains dangers, soit de leur communiquer une âme nouvelle, empruntée à quelque *totem*[4]. La seconde explication me semble de beaucoup la plus plausible, à condition de ne pas nous renfermer dans les limites du totémisme, mais de rechercher

1) L. Fison, *The Nanga,* dans le journal de l'*Anthrop. Inst.*, Londres, 1884-1885, t. XIV, p. 22.

2) W. H. Bentley, *Life on the Congo*, Londres, 1887, p. 78 et suiv.

3) Frazer, *Golden Bough*, t. I, p. 347 et suiv.

4) Id., t. II, p. 54.

également l'être dont les initiés doivent s'assimiler la nature,
tantôt chez les esprits des plantes, des eaux, des corps célestes,
tantôt chez quelque ancêtre mythique ou quelque puissant
sorcier; en d'autres termes, parmi tous les dépositaires d'un
pouvoir surhumain.

### Initiation = Ré-génération.

Cependant, pour acquérir une âme nouvelle, il faut renoncer à l'ancienne; il faut d'abord mourir. Aussi la plupart
des initiations impliquent-elles une mort apparente, soit qu'on
soumette le néophyte à une immolation simulée, soit qu'on lui
impose un voyage au pays des défunts. « Mourir, disait Plutarque, en jouant sur les mots, c'est être initié : τελευτᾶν =
τελεῖσθαι[1]. — Réciproquement, pourrait-on ajouter, être initié,
c'est mourir. Du moins c'est encourir une mort temporaire
pour revivre dans des conditions différentes et meilleures.
En ce sens l'initiation est bien une ré-génération. Il en était
ainsi chez les anciens, aussi bien que parmi les peuplades non
civilisées dont je viens de décrire les coutumes.

Nous voyons par le récit d'Apulée que l'initiation aux
Mystères d'Isis était envisagée comme une mort volontaire
conduisant à une autre vie[2]. Les mystères de Cybèle comprenaient le taurobole et le criobole, où l'initié, couché dans
une fosse, recevait sur le corps le sang d'un taureau ou
d'un bélier; dès ce moment il devenait *taurobolio criobo-
lioque in æternum renatus*[3]. Dans l'Inde, aujourd'hui encore,
le jeune brahmane qui veut se faire initier à la connaissance
du Véda par un gourou doit se soumettre à une cérémonie

---

1) *Ex opere de Anima*, II, 5.
2) *Metamorph.*, liv. XI.
3) *Corp. Insc. Lat.*, t. VI, p. 97  n° 510.

qui le fait prétendument repasser à l'état d'embryon[1]. Enfin, au sein du christianisme, le baptême qui constitue la formalité essentielle de l'entrée dans la communauté des fidèles a toujours été présenté comme un ensevelissement symbolique en vue d'une résurrection spirituelle[2]. On lit sur l'architrave du baptistère du Latran, le plus ancien de la chrétienté actuelle, la devise suivante, qu'y avait fait graver, au v° siècle, le pape Xystus III :

*Cælorum regnum sperate, hoc fonte renati;*
*Non recipit felix vita semel genitos.*

La prestation des vœux, dans certains ordres religieux, qui est une véritable initiation, comprend une célébration de l'Office des morts sur le novice couché dans une bière ou étendu sous un suaire, entre quatre cierges. Après le chant du *Miserere*, il se relève, fait le tour de l'assistance en recevant le baiser de paix et va communier entre les mains de l'abbé[3]. De ce jour, il prend un nouveau nom qu'il gardera jusqu'à la mort.

### L'initiation des enfants à Éleusis.

Il y a des indices que, dans la Grèce primitive, on faisait passer les adolescents par des épreuves d'initiation quelquefois très rigoureuses, témoin les flagellations des adolescents sur l'autel d'Artémis Orthia à Sparte[4] et sur le tombeau de Pélops à Olympie[5]. Peut-être les immolations rituelles d'enfants, racontées par des légendes locales, où l'on a voulu voir un souvenir de sacrifices analogues à ceux des Sémites,

1) *Satapatha Brahmana*, Kandâ II, dans les *Sacred books of the East*, t. XLIV, p. 86-90.
2) *Ép. aux Romains*, VI, 4; *Colossiens*, II, 12.
3) Voir le *Ceremoniale benedictinum*, d'après le *Dictionnaire de Théologie catholique*, Paris, Gaume, 1863, t. XIX, pp. 184-185.
4) Pausanias, III, 16, 7.
5) Maury, *Relig. de la Grèce antique*, t. II, p. 105.

ne sont-elles qu'un écho travesti des scènes d'initiation où l'on feignait d'immoler des adolescents, pour leur communiquer ensuite une vie nouvelle.

Dans les Mystères d'Éleusis, non seulement les habitants de l'Attique avaient le privilège d'être admis à l'initiation dès l'enfance, sur la présentation de leur père, mais encore il y avait certains enfants, désignés par le sort dans les familles de pure descendance athénienne, qui participaient aux grands Mystères avec une fonction spéciale. On les appelait Παῖδες ἀφ' ἑστίας; μυηθέντες ἀφ' ἑστίας « enfants » ou « initiés du foyer »; ils accomplissaient notamment certains rites expiatoires pour le compte des autres initiés [1]. L'expression ἀφ' ἑστίας a amené certains commentateurs à croire qu'il s'agissait d'enfants destinés à représenter officiellement la cité, symbolisée par le foyer public [2]. Guigniaut estime qu'on voulait ainsi rendre plus agréable à la divinité une expiation générale venant de mains innocentes ! Alfred Maury se borne à expliquer l'expression d'*enfants du foyer* par le fait qu'ils se tenaient plus près de la flamme du sacrifice [3].

Ne peut-on y voir une survivance de l'époque où les enfants des familles qui possédaient en commun les Mystères d'Éleusis étaient initiés à l'aide d'une sorte de baptême ou de régénération par le feu? Le désir d'expliquer cette cérémonie, quand son sens primitif se fut oblitéré, devait forcément donner naissance à un mythe comme celui de Démophoon, que l'hymne homérique à Déméter rattache aux aventures de la déesse chez le roi d'Éleusis. La reine Métanire avait confié son enfant à Déo dont elle ignorait encore la nature divine. La déesse, voulant rendre son nourrisson immortel, l'oignait d'ambroisie et, pendant la nuit, le cachait à l'intérieur d'un foyer embrasé. Métanire, l'ayant surprise au cours de cette dernière opération, poussa un cri d'effroi qui indigna la déesse

---

1) ὁ ἀφ' ἑστίας λεγόμενος παῖς ἀντὶ πάντων τῶν μυουμένων ἀπομειλίσσεται τὸ θεῖον. Porphyre, *De Abstinentia*, IV, 30.
2) Foucart, *Recherches*, 2ᵉ Mémoire, p. 98.
3) *Relig. de la Grèce antique*, t. II, p. 353.

et la fit renoncer à son plan. Démophoon resta donc soumis au trépas[1]. Une variante, reproduite par Hygin confirme la présomption qu'il y a là un mythe engendré pour l'explication d'un rite initiatoire : ce serait le roi d'Éleusis qui aurait rompu le charme par son intervention intempestive et la déesse l'en aurait puni en le frappant de mort[2]; ce qui est bien le châtiment réservé à ceux qui troublent le cours ou surprennent le secret d'une initiation.

Auguste Mommsen est, à ma connaissance, le seul auteur qui ait pressenti un rapport entre le mythe de Démophoon et les « enfants du foyer », quand il suppose que ceux-ci allumaient leur torche au foyer sacré, en souvenir de l'immortalité que la déesse avait voulu assurer à Démophoon[3]. Pour ma part, j'estime que c'est un cas où l'on doit être tenté d'expliquer le mythe par l'usage, plutôt que l'usage par le mythe[4].

Le « passage par les éléments », pour employer l'expression dont se sert Apulée dans la description de son initiation aux Mystères d'Isis[5], a été souvent conçu dans l'antiquité, comme la condition nécessaire du renouvellement des êtres. L'observation des phénomènes physiques qui se passent dans la décomposition des organismes vivants, à une époque où l'on croyait l'univers formé de trois ou quatre éléments simples, n'a-t-elle pas dû engendrer la conclusion que la mort restitue à leurs réservoirs respectifs les parcelles d'eau, d'air, de feu et de terre constituant par leur combinaison la personnalité de l'homme[6]? Or nous trouvons précisément, parmi

1) *Hom. Carmina. In Cer.*, v. 232 et suiv.

2) *Fabulæ*, fab. 147 (éd. Schmidt, Iéna, 1872, p. 21).

3) A. Mommsen, *Feste des Stadt Athen*, p. 274.

4) Ainsi William Simpson, dans son ingénieux ouvrage, *The Jonah Legend, a suggestion of interpretation* (Londres, 1899), développe, avec une grande force d'argumentation, la thèse que l'aventure du prophète hébreu est l'interprétation d'une scène d'initiation, où le néophyte devait rester trois jours soit dans un vêtement en peau de poisson, soit dans une représentation du Scheol figuré par un monstre marin.

5) *Per omnia vectus elementa remeavi* (Apulée, *Métam.*, lib. XI, éd. Didot, p. 411).

6) Cette idée est clairement exprimée par Euripide (*Frag. Euripid.*, éd. Dübner, fragm. 833.)

les cérémonies des Mystères auxquelles est attribuée une
portée purificatrice ou rénovatrice, l'immersion ou l'onction,
l'emploi du *van*, l'intervention du feu sous la double forme
de fumigation et d'illumination, la descente dans le monde
souterrain. En tout cas cette dernière formalité, qui se main-
tint, jusqu'à la fin des Mystères, sous la forme d'une prome-
nade à travers l'Hadès et les Champs-Élysées, impliquait
pour ceux qui y prenaient part, un trépas suivi d'une renaissance dans des conditions supérieures à celles de la vie précédente. C'était une véritable palingénésie que devait subir
quiconque voulait pour la première fois participer aux *sacra*
d'Éleusis.

J'ai fait voir précédemment comment ces *sacra* finirent par
se confondre avec les formalités préalables de l'initiation. La
régénération du profane cessa d'être un préliminaire pour
devenir une partie essentielle et, finalement, l'objet princi-
cipal de l'admission aux Mystères ; elle ne fut plus présentée
comme un fait d'une portée actuelle et immédiate, mais
comme le symbole et la garantie de la destinée qui attendait
l'initié après la mort.


### La Vie future aux temps homériques.


Les premiers Hellènes, comme tous les Indo-Européens,
croyaient à la présence, dans les êtres vivants, d'un élément
subtil qui n'était pas le corps et qui cependant lui ressem-
blait ; qui constituait la véritable personnalité et qui, après la
mort, survivait à l'état libre. Ce *double* continuait à hanter
les abords du cadavre et, après la dissolution du corps, le
lieu du trépas ; il pouvait toutefois s'en écarter pour se mê-
ler aux affaires des hommes. Les vivants ne pouvaient s'en
débarrasser qu'en lui fournissant une demeure convenable, où
ils le faisaient pénétrer à l'aide de certains rites et où ils le
maintenaient en pourvoyant aux nécessités de son existence

posthume. C'était à ses proches qu'incombait cette double mission; mais toute la communauté y était intéressée. En effet, convenablement traité, le défunt exerçait chez les vivants, par des moyens assez mal définis, une influence qui pouvait être considérable; il continuait à protéger ses descendants et même ses concitoyens. De là le culte des ancêtres et des héros. Dans le cas contraire, privé des rites funéraires, le trépassé devenait un danger public.

Les besoins de la vie posthume étaient réduits au logement et à la nourriture. On construisait des tombes à l'imitation des maisons et par crainte, devoir ou affection, on y déposait, chacun suivant ses moyens, ce qui était de nature à alléger ou embellir l'existence précaire des occupants. On célébrait, au foyer domestique, des festins dont les morts étaient censés prendre leur part et l'on égorgeait des victimes sur leur tombe, parfois en ménageant, dans les parois, une ouverture qui permettait au sang d'arriver jusqu'aux restes du défunt. Peut-être cette dernière coutume indique-t-elle une époque où l'on admettait une obscure survivance de la vie dans le corps. Quoi qu'il en soit, la crémation, en détruisant le cadavre, ne laissait plus subsister que l'ombre, l'εἴδωλον, l'image pâle et effacée, mais cependant redoutable, de celui qui n'était plus [1].

Peu à peu l'imagination en vint à unifier les séjours souterrains de ces innombrables doubles. Au delà ou plutôt au-dessous du tombeau, s'ouvrit, comme chez les Sémites, — et peut-être sous l'infiltration des traditions sémitiques, car la conception en paraît absente chez les Aryas orientaux, — une sorte d'énorme caverne, la demeure d'Hadès, où les âmes, laissant les cendres au tombeau, s'en allaient poursuivre une vague imitation de leur vie terrestre. — Telle est la croyance qui prédomine aux temps homériques. L'*Odyssée*, se rapprochant de la tradition égyptienne, place l'entrée de

---

1) Cf. pour les croyances eschatologiques de la période préhomérique, Fustel de Coulanges, *La cité antique*, t. II, et E. Rohde, *Psyche*, Fribourg. 1898.

l'Hadès dans la région occidentale, au delà du fleuve Océan où le soleil disparaît, chaque soir, parmi les ténèbres. Dans le chant XXIV, le poète nous décrit le départ des ombres. Hermès rassemble avec sa verge d'or les âmes des Prétendants massacrés par Ulysse, puis leur montre le chemin, « tandis qu'elles voltigent à sa suite, en poussant de petits gémissements, comme une bande de chauves-souris dans une caverne ». Le dieu les conduit « au delà du fleuve Océan, au delà de la Roche Blanche, près des portes du Soleil, à travers le pays des rêves, jusqu'à la prairie des asphodèles, séjour des esprits, où résident les fantômes des hommes épuisés[1]. »

C'est un pays sombre et humide où poussent seuls des plantes marécageuses et des arbustes rabougris. Les défunts y errent par troupes, faibles, affamés, ayant perdu la volonté et la mémoire, sans autre mobile qu'un vague instinct qui les pousse à rechercher les libations et le sang des victimes versé à leur intention.

Au chant XI, lorsqu'Ulysse, après avoir traversé le pays des Cimmériens, se rend à l'entrée des Enfers, dans l'espoir d'y interroger les mânes de Tirésias, il commence par creuser une fosse, puis il verse des libations de vin, de miel et d'eau saupoudrée de farine, enfin le sang d'un mouton et d'une brebis noirs. Aussitôt les ombres d'accourir vers l'offrande et il doit les en écarter avec son glaive, pour qu'elles ne prennent pas les devants sur le personnage qu'il attend.

Ici se place l'épisode si touchant de sa rencontre avec sa mère, qui le reconnaît seulement après qu'elle a pu, à son tour, s'abreuver du sang noir. Vainement, par trois fois, il essaie d'embrasser l'ombre chérie ; il ne saisit que l'air[2]. — Dans un autre passage souvent cité, Achille, après avoir inutilement cherché à saisir le fantôme de Patrocle, définit de la sorte ce qui survit de l'homme : « En vérité, il subsiste, jusque dans

1) Chant XXIV, vers 1 et suiv..
2) *Odyssée*, XI, vers 108 et suiv.

la demeure d'Hadès une âme et une image (ψυχὴ καὶ εἴδωλον); mais de viscères (φρένες), absolument point »[1].

En vain, dans ce monde des illusions, chacun conserve son rang et même ses occupations : Minos persiste à y juger, Orion à y chasser ; il semble que ce soient là des réminiscences purement subjectives qui ne peuvent compenser la perte des réalités terrestres et on conçoit la mélancolique réflexion d'Achille, qui eût préféré « travailler la terre pour un maître sans patrimoine et sans biens que de régner sur tous ceux qui ont vécu[2] ». Même pour les riches et les puissants, l'immortalité, dans ces conditions, était une amère ironie.

De bonne heure l'imagination humaine, qui ne perd jamais ses droits, se posa la question : N'existe-t-il pas, pour certains privilégiés, un moyen de se soustraire à cette fatalité d'un destin équivalant à l'anéantissement? Il y avait alors en circulation de vagues légendes relatives à une contrée lointaine, les *Iles des Bienheureux,* situées au pays du soleil couchant, où des êtres, qui ne sont ni des dieux, ni des hommes, mènent paisiblement une existence sans terme, dans une radieuse félicité, sous un climat toujours égal. Là gouvernent Kronos et le blond Rhadamante; plus tard, Hésiode y placera les hommes de la quatrième race, les héros de la guerre de Thèbes et de celle de Troie[3]. Toutefois dans Homère, le seul humain qui y ait obtenu accès, semble avoir été Ménélas, parce qu'il était devenu le gendre de Zeus, en épousant Hélène[4].

Les Champs-Élysées ont naturellement leur contre-partie dans un compartiment inférieur de l'Hadès, le Tartare, où la misérable existence du commun des morts est remplacée par de cruels supplices réservés aux ennemis des dieux, aux grands criminels qui ont violé la loi divine dans des circonstances particulièrement aggravantes : les Titans, Tantale,

1) *Iliade*, XXIII, 103-104.
2) *Odyss.*, XI, 597-600.
3) *Opera et dies*, vers 167-173.
4) *Odyss.*, IV, 561-569.

Pirithoüs, Sisyphe, Ixion, etc. Mais il n'était pas donné à la
généralité des humains de devenir un Titan, non plus qu'un
Rhadamante ou un Ménélas.

### Changement dans le but des Mystères.

Sur ces entrefaites, voici qu'au viii° siècle un rayon d'espérance vient luire dans cette lugubre eschatologie et l'antique
conception de l'Hadès s'en trouve ébranlée jusque dans ses
fondements. Il provient des Mystères d'Éleusis, qui offrent désormais à leurs adeptes le moyen de se soustraire aux bourbiers de l'Hadès : « Heureux, dit l'hymne homérique à Déméter, celui qui a vu ces rites sacrés. Celui qui n'y a pas été initié
et n'y a pas participé n'aura pas la même destinée après la
mort dans la froide région des ténèbres [1]. — C'est le langage
que tiendront encore Pindare, Sophocle, Platon, Plutarque,
bien que leur conception de la vie future s'élève fort au-dessus
des traits matérialistes sous lesquels l'imagination hellénique
avait commencé par se dépeindre les félicités d'outre-tombe.

Cette substitution dans l'objet des Mystères fut grande-
ment facilitée — mais non pas provoquée, comme on l'a cru
longtemps — par la nature des légendes qui constituaient
l'histoire mythique des deux déesses : Déméter, qui reçoit
dans son sein, les défunts aussi bien que les semences et qui
peut par conséquent leur ménager une destinée analogue [2] ;
— Corè, la personnification même de ces semences, qui descend, chaque automne, dans le monde souterrain, pour en
ressortir, toujours jeune et fraîche, à la saison nouvelle.

Ainsi le grain de blé devint l'emblème de l'existence humaine. En Attique on semait du blé sur les tombes. C'était,

1) *In Cerer.*, v. 480 et suiv.
2) A Athènes, les morts qu'on inhumait recevaient le qualificatif de *Démété-
riens*, Δημητήρειοι (Plutarque, *De Orbe in fac. Lun.*, 28).

rapporte Cicéron, « afin que le sol, purifié par cette semence, pût être restitué aux vivants[1]. Un hygiéniste moderne ne s'exprimerait pas en d'autres termes, bien que dans une acception plus réaliste. La vraie raison de cet usage n'apparaît-elle pas, chez les Égyptiens, dans l'assimilation d'Osiris, ou du défunt *osirisé*, au grain de blé ou d'orge qui germe dans le sein de la terre sous l'action fécondante des eaux? Parmi les peintures qui décorent le toit du grand temple de Philæ, une momie est couchée dans un sarcophage d'où surgissent parallèlement des épis qu'arrose un prêtre. L'inscription porte, suivant Brugsch : « Ceci est la forme de l'innommable Osiris mystérieux qui s'élance »[2]. Le rite final de l'époptie, c'est-à-dire la présentation de l'épi de blé, moissonné en silence, que l'hiérophante exhibait aux néophytes comme le dernier mot des Mystères, ne constituait, sans doute, à l'origine, qu'un rite agricole; il n'y avait rien à y changer pour en faire un symbole de palingénésie humaine.

Toutefois, si ce symbolisme est susceptible de fournir une représentation ou d'encourager une espérance, il ne peut être la source de l'idée symbolisée et nous avons à demander pourquoi la contemplation du drame mystique ou même la pérégrination à travers les pays d'outre-tombe doivent assurer le salut dans la vie future. On a soutenu que les mystes, en participant aux aventures et aux souffrances des Grandes Déesses, obtenaient un titre à partager leur destinée ultérieure. D'autres ont admis simplement que l'initié gagnait ainsi de véritables indulgences qui devaient lui profiter dans la vie future ou bien qu'une fois admis dans la communion des immortels, il ne pouvait plus retomber dans la condition des âmes ordinaires. Mais, encore une fois, on ne voit point, dans ces hypothèses, le lien logique entre le résultat et le moyen.

1) Cicéron, *De Legibus*, II, 25.
2) Brugsch, *Religion und Mythologie der alten Aegypter*, p. 621. — M. J. Capart traduit : « C'est le mystère de l'inconnu créé par la nouvelle eau ».

A la rigueur, nous pourrions nous contenter d'invoquer, ici également, le principe de la magie imitative, qui prétend créer les choses en les figurant. Mais je préfère me rallier à l'explication mise en avant par M. Foucart[1]. Il m'est impossible de suivre le savant helléniste, lorsque, prenant à son compte les allégations d'Hérodote et de Diodore, il conclut non seulement à la provenance égyptienne des mystères d'Éleusis, mais encore à l'identité originaire d'Isis et de Déméter. Sans doute les Grecs ont emprunté à leurs divers voisins un certain nombre de mythes et même de dieux. Mais nous avons vu que les Grandes Déesses semblent bien de souche européenne et que la formation de leur personnalité mythique peut se suivre sur place jusqu'au jour où elles devinrent les déités principales du cycle éleusinien. D'un autre côté, tout en contestant une intervention aussi ancienne et aussi directe de l'Égypte dans la formation du panthéon hellénique, on peut parfaitement admettre, avec M. Foucart, que les Grecs du viiie ou même du ixe siècle avant notre ère, se soient rapprochés des conceptions égyptiennes sur la vie future, à la suite d'infiltrations venant non pas bouleverser, mais compléter ou préciser certaines de leurs propres croyances[2].

### Cours pratique de Géographie infernale.

Les Égyptiens s'imaginaient que la connaissance géogra-

1) *Recherches*, 1er mémoire, 2e partie.

2) Si on veut trouver des antécédents exotiques au mythe de l'enlèvement de Corè, n'est-ce pas plutôt à la Mésopotamie qu'il faut s'adresser ? Istar descendue aux Enfers pour rechercher son amant, est retenue captive par la souveraine du sombre Arali. Son absence, de même que l'exil volontaire de Déméter, frappe la terre de stérilité ; si bien que les dieux se voient contraints d'envoyer à la reine des Enfers un messager qui lui porte l'ordre de relâcher sa prisonnière (Cf. Sayce, *Religion of ancient Babylonians*, Londres, 1887, p. 221 et suiv.).

phique du monde souterrain était nécessaire au défunt pour lui permettre de gagner les champs des Souchets ou d'Ialou, où il mènerait une existence paisible et heureuse. Ils plaçaient donc dans la tombe un exemplaire plus ou moins complet du *Livre des Morts*, qui enseignait l'itinéraire à suivre dans la région d'outre-tombe, avec les formules d'incantation à utiliser contre les esprits infernaux — quelque chose comme un Bædeker, ou, pour diminuer l'anachronisme, un Pausanias d'outre-tombe, enrichi d'un vocabulaire usuel. — C'est une leçon du même genre qui devait se donner dans les Mystères, où l'on faisait anticipativement parcourir aux néophytes la grand'route des Enfers et des Champs-Élysées. D'après M. Foucart, à mesure que se déroulaient, devant les initiés, les divers tableaux, l'hiérophante leur révélait les secrets confiés par les déesses à son ancêtre Eumolpos : la région des enfers qu'ils voyaient; la route à suivre ; les noms véritables des divinités amies ou ennemies ; les paroles à prononcer dans telle ou telle partie, etc.[1]. C'est la description que reproduisent, — autant qu'ils l'osent, sans encourir le reproche de profanation, — Aristophane, Platon, Plutarque, etc.

Déjà Homère avait précisé les principales lignes de la géographie infernale. Des peintures de vases nous représentent l'Hadès comme une région sombre, entrecoupée de fondrières, de maigres prairies et de bosquets rabougris. Dans les *Grenouilles* d'Aristophane, Héraclès, qui a visité le pays à la recherche de Cerbère, enseigne le chemin à Dionysos, qui veut à son tour tenter l'aventure : d'abord un vaste et profond marais, puis une région « infestée de serpents et de toutes sortes de monstres épouvantables; d'un côté, un abîme boueux où sont plongés les criminels; de l'autre, des buissons de myrte où des troupes d'hommes et de femmes, baignés dans une vive lumière, applaudissent au doux concert des flûtes ». — « Qui sont ces bienheureux ? » de-

---

1) Foucart, *Recherches*, 1<sup>er</sup> mémoire, p. 63.

mande Dionysos. — « Les initiés », répond Hercule. « Quant au reste du chemin, les initiés donneront au fils de Sémélé toutes les indications qu'il désire, car ils habitent tout près du palais de Hadès et sur la route même qui y conduit[1] ».

M. Foucart invoque, à l'appui de ses conclusions, les lamelles d'or découvertes dans les tombes de Pétilia, en Sicile, et d'Eleutherna, en Crète; on y trouve, comme dans le *Livre des Morts*, des fragments d'itinéraire et des formules d'incantation pour l'usage du défunt[2]. Ces formules trahissent souvent une influence orphique, mais elles sont d'une époque assez tardive et rien ne prouve qu'elles se rapportent à des défunts qui auraient été initiés aux Mystères d'Éleusis. Non moins ingénieux est le rapprochement que fait le même auteur entre le nom des Eumolpides (qui chante bien, d'εὖ μέλπω) et le titre de *Ma Khroou*, donné aux défunts dans les inscriptions funéraires de l'Égypte. Il fait observer que cette épithète se traduit dans la langue égyptienne par « juste de voix »; elle indique que le mort est en état de prononcer avec les modulations indispensables les incantations à employer dans les périls d'outre-tombe[3]. Ainsi les Eumolpides étaient ceux qui devaient prononcer et enseigner, avec la note juste, les formules destinées à servir de mot de passe dans le royaume d'Hadès. Cette justesse d'intonation n'était pas moins nécessaire que l'exacte reproduction du texte. C'est pourquoi l'on exigeait particulièrement

---

1) *Ranæ*, vers 137 et suivant. — Dans la tragédie d'*Héraclès furieux*, Héraclès, racontant son expédition aux Enfers, ajoute : « J'ai réussi parce que j'ai vu les saints Mystères » (vers 613).

2) « Dans la demeure d'Hadès — porte une de ces inscriptions — tu trouveras, à gauche, une source, et, près d'elle un cyprès blanc. Garde-toi d'approcher de cette source. Tu en trouveras une autre, où coule l'onde fraîche qui sort du lac de Mémoire; devant, sont des gardiens. Leur dire : *Je suis l'enfant de la terre et du ciel étoilé, mais mon origine est céleste; sachez-le, vous aussi. Je suis dévoré par la soif qui me fait mourir, mais donnez-moi sans retard l'eau fraîche qui coule du lac de Mémoire*. Et ils te donneront à boire de la source divine et désormais tu régneras parmi les héros » (Foucart, 1er mémoire, p. 67).

3) Maspero, *Études de mythologie et d'archéologie égyptiennes*, t. II, p. 373.

de l'hiérophante qu'il eût une voix juste[1], et des initiés qu'ils eussent au moins la parole intelligible. C'est, du moins, cette dernière interprétation que M. Foucart donne à l'exclusion prononcée par l'hiérophante contre quiconque était φωνὴν ἀξύνετος[2].

M. Maspero est venu apporter à cette thèse l'appui de sa haute autorité en matière d'égyptologie. Dans un compte rendu de l'étude de M. Foucart, publié en 1895 par la *Revue de l'Égypte*, il écrit : « Comme l'hiérophante à Éleusis, le prêtre égyptien devait avoir la voix juste, pour entonner les formules, et l'initié qui les répétait après lui devait être, ainsi que lui, juste de voix. Comme l'initié d'Éleusis, le mort égyptien rencontrait sur son chemin des fontaines dangereuses ou salutaires, des monstres qu'il repoussait par son chant ; il parcourait les ténèbres opaques et arrivait dans des îles fertiles, éclatantes de lumière, les Prés des Souchets, où Osiris lui offrait un asile tranquille, à condition qu'il connût les mots de passe. »

Sans doute l'exigence d'une « voix juste » a pu s'introduire parallèlement chez les Égyptiens dans le Rituel des Morts et chez les Grecs dans la liturgie d'Éleusis ; elle figure, en effet, parmi les conditions indispensables au succès des incantations, — que celles-ci s'appliquent aux vicissitudes de la vie future ou à l'utilisation des forces surhumaines en général, — et elle se rencontre à peu près dans tous les cultes antiques, depuis la Chaldée et l'Inde jusqu'à l'Égypte et à la Grèce. D'autre part, Eumolpe était un chantre, un aède et dès lors son nom peut s'expliquer naturellement, sans qu'on doive invoquer une traduction de l'égyptien. Mais où la question devient plus délicate, c'est quand il s'agit d'expliquer la similitude dans l'application et même dans le contenu des formules magiques.

L'influence directe de l'Égypte sur la culture grecque

---

1) Epictète, *Dissert.*, III, 21, p. 439 de l'édit. de Leipsig, 1749.
2) Foucart, 1er mémoire, p. 32 et suiv.

n'est guère apparente avant l'établissement de colonies ioniennes et milésiennes dans le Delta, sous Psammitik Ier (deuxième moitié du viie siècle) : c'est même un peu plus tard que commencèrent les relations officielles entre les deux pays, lorsque Ahmas envoya, en 548, un subside aux Delphiens, pour rebâtir le temple d'Apollon détruit par un incendie [1]. Mais on peut se demander jusqu'à quel point une action indirecte n'a pas pu s'exercer, bien des siècles auparavant, sinon par les prétendues colonies égyptiennes dont l'existence en Grèce reste toujours problématique, du moins par l'intermédiaire de cette civilisation méditerranéenne, ou plutôt égéenne, qui florissait quelque deux mille ans avant notre ère. M. Arthur Evans, dans ses importantes fouilles de Knossos, a établi que, dès la XVIIIe dynastie, sinon antérieurement, des échanges de produits industriels et même de symboles religieux s'étaient opérés entre l'empire thébain et le légendaire royaume de Minos [2]. A Éleusis, des fouilles récentes ont ramené au jour, près de l'Acropole, des poteries, des patères, même des figurines, qui se rattachent à cette civilisation égéenne et, en 1898, M. Foucart signalait à l'Institut de France une nécropole du même voisinage, où l'on avait rencontré, dans la quatrième couche de tombes, des scarabées à légende hiéroglyphique, ainsi qu'une statuette d'Isis [3].

Rien, toutefois, ne permet d'établir que l'Égypte ait transmis à la Grèce, par ce canal, d'autres éléments que certains procédés d'industrie et quelques motifs d'art. J'aimerais mieux, pour ma part, recourir aux influences phéniciennes dont M. Victor Bérard a fait ressortir récemment l'action si considérable sur l'enrichissement de la mythologie grecque [4].

1) Hérodote, II, 180.
2) Arthur J. Evans, *The Palace of Knossos*, dans *l'Annual of the School at Athens*, n° VI, 1899-1900. — Du même, *The Mycenaean Tree and Pillar Cult*. Londres, 1901, p. 48 et suiv.
3) *Comptes-rendus de l'Académie des Inscriptions et Belles-Lettres*. Séance du 28 octobre 1898.
4) Victor Bérard, *Les Phéniciens et l'Odyssée*, Paris, 1902, t. I.

Ces courtiers modèles qu'étaient les Phéniciens ne se contentaient pas de transporter sur tout le pourtour de la Méditerranée les produits artistiques de l'art égyptien, généralement décorés de sujets religieux ; ils tenaient encore à la disposition de leur clientèle les explications qu'ils avaient pu s'approprier sur le sens de cette ornementation.

Ce n'était pas assez pour faire adopter aux Grecs les divinités de l'Égypte. C'est suffisant pour expliquer que, dans une époque antérieure au viiie siècle, ils aient été influencés, dans leur représentation du Tartare et des Champs-Élysées, par l'iconographie de l'Amenti et des Champs d'Ialou ; bien plus, que les Mystères d'Eleusis, à une époque où ceux-ci conservaient encore une certaine plasticité, aient tiré de l'Égypte l'idée de fournir à leurs initiés les moyens pratiques d'opérer avec succès la traversée de l'Hadès.

### Pénétration de l'idée morale.

On conçoit combien l'appât de ce résultat dut accroître la vogue des Mystères dans tout le monde hellénique. Voici donc le terme de la vie, pour la première fois, dépouillé de ses terreurs. L'homme a vaincu l'Hadès : l'admission aux Champs-Élysées n'est plus seulement l'apanage des héros ; elle échoit en partage à tous ceux qui sont admis dans les secrets des Bonnes Déesses. Bientôt les images de Déméter et de Corè se montreront, sur les stèles et les sarcophages, comme les garantes et les dispensatrices de la félicité posthume : « Grâce à ces beaux Mystères qui nous viennent des dieux — porte une inscription des temps postérieurs — le trépas n'est pas un mal pour les mortels, mais un bien » [1]. Jusqu'ici, dans la vie future que promettaient les Mystères,

1) Ἐφήμερις Ἀρχαιολογική, organe de la Société archéologique d'Athènes, 1883, p. 82.

aucune part n'était faite à l'idée de rémunération morale.
C'est l'initiation, l'initiation seule — et en tout état de
cause — qui doit procurer le bonheur dans un autre monde.
Nous trouvons toujours là l'idée d'*opus operatum*, combinée,
si la théorie de M. Foucart est exacte, avec une sorte de
gnosticisme géographique.

Cependant la conscience morale, élargissant son domaine, pénétrait de plus en plus la Religion. La conception
d'un ordre moral, conçu sur le plan de l'ordre cosmique et
mis, comme ce dernier, sous la protection divine, avait graduellement conduit les Grecs à faire de leurs dieux les défenseurs de la justice et à chercher une sanction religieuse des
actes humains. Au vi° siècle, le contraste trop fréquent de la
vertu malheureuse et de l'iniquité triomphante inspire les
doutes poignants qui se font jour dans les hymnes de Théognis : « Comment peux-tu, fils de Kronos, mettre sur le
même pied le prévaricateur et le juste⁴? » Il y avait bien la solution traditionnelle : « Les enfants innocents ou les générations suivantes paient la dette de leurs pères ». Mais le poète
lui-même se révolte contre cette réversibilité qui rejette
sur des innocents la responsabilité des coupables : « Grand
Jupiter, s'il plaît aux dieux que le scélérat aime la violence,
que ne leur plaît-il aussi qu'il expie lui-même le mal qu'il a
fait, sans que les transgressions des pères fassent plus tard
le malheur des enfants²? »

C'est alors que les philosophes commencèrent à chercher
dans les possibilités de la vie future un moyen plus équitable
de réparer les anomalies de la vie présente. Pythagore re-
courut à la transmigration qu'il combina avec les traditions
courantes sur l'Hadès : le Tartare est, d'après son école, un
lieu d'expiation à l'usage des âmes qui ont mal vécu et qui,
après avoir subi leur châtiment, reviendront prendre un nouveau corps, jusqu'à ce qu'elles se soient suffisamment épu-

---

1) Théognis, *Eleg.*, vers 377 et ss.
2) Vers 731 et suiv.

rées pour regagner le sein de Dieu. Pindare, qui reproduit tour à tour dans ses odes les principales théories eschatologiques de son temps, expose, entre autres hypothèses, que les hommes passent alternativement du séjour des vivants à celui des morts pour être traités suivant leurs mérites dans chacune de ces existences successives : « Ceux qui, pendant trois séjours dans chacune de ces demeures, ont su garder leur âme pure de toute atteinte de l'injustice suivent la route de Zeus jusqu'aux îles des Bienheureux[1]. »

Platon lui-même acceptera la description mythologique du monde posthume ; mais il y répartira les défunts d'après leur conduite morale : les bons dans les Champs-Élysées, les mauvais dans le Tartare, les mixtes dans l'Hadès ou marais Achérusiade[2].

Cette apparition des rémunérations morales dans la destinée des défunts était en contradiction directe avec la théorie que la félicité posthume dépendait exclusivement de la participation à des rites et, longtemps avant Diogène, les esprits éclairés durent se poser avec une anxiété croissante le problème que le philosophe de Sinope formulait en ces termes : « Le brigand Paetacion, parce qu'il a été initié, sera-t-il plus heureux après sa mort qu'Épaminondas qui n'a pas reçu l'initiation[3] » ?

La notion de pureté rituelle fut la brèche par laquelle l'idée morale pénétra dans l'eschatologie des Mystères. Il fut un temps — en Grèce comme ailleurs — où l'*impur* n'était pas encore dissassocié du *sacré*, c'est-à-dire où la notion de souillure se confondait avec la violation des « tabous ». Ce dernier terme, qui a conquis droit de cité dans l'histoire des Religions aussi bien que dans l'ethnographie, désigne les prescriptions à la fois sociales et religieuses interdisant certains contacts ou certains actes, soit parce qu'ils constituent un

1) Pindare, *Olymp.*, II, v. 68 et ss.
2) *Phædon*, LX-LXII.
3) Plutarque, *De audiendis poetis. Moral.*, éd. Didot, t. I, p. 26. — Cf. Diogène Laerte, VI, 2 (éd. Didot, p. 142).

empiètement sur le domaine de puissances mystérieuses toujours redoutables, soit plus simplement, parce qu'ils ont pour effet de déchaîner l'intervention d'êtres surhumains regardés comme nocibles [1].

Le sang humain — qu'il soit versé volontairement ou accidentellement — est surtout regardé comme un véhicule d'influences pernicieuses. Quiconque en a subi le contact se trouve non seulement exposé aux plus grands périls, mais, comme il peut communiquer cette *hantise* à ses proches ou même à tous les membres de son clan, ceux-ci s'empresseront de le mettre en quarantaine; ils le frapperont d'une véritable excommunication qui, la plupart du temps, se traduira par une interdiction de l'eau et du feu [2]. Tel était, aux temps homériques, le sort du meurtrier et, à une époque de beaucoup postérieure, c'est encore d'un véritable exil qu'on frappait à Athènes les objets inanimés qui avaient occasionné la mort d'un citoyen. Cependant à quoi sert la magie, si elle ne peut contrebalancer plus ou moins l'effet des *tabous*? On admettra donc, dans certains cas, que des opérations purificatoires puissent débarrasser le coupable ou plutôt l'imprudent de sa compromettante accointance avec les esprits irrités. Il y a là un ordre d'idées, parfaitement conséquent, dont les traces se retrouvent aux origines du droit pénal, chez les Grecs et les Sémites, aussi bien que chez les Cafres et les Polynésiens [3].

Peu à peu on chercha la source de la souillure encourue

1) Cf. Léon Marillier, *Sur le caractère religieux du tabou mélanésien*, dans le septième volume publié par la Section des sciences religieuses dans la Bibliothèque de l'École des Hautes-Études. Paris, 1896, p. 35 et suiv.

2) Dans *Œdipe-Roi*, Œdipe, après avoir consulté l'oracle au sujet de la peste qui désole Thèbes à la suite du meurtre de Laïos, s'écrie: « Cet homme, quel qu'il soit, j'ordonne que personne dans ce royaume, ne l'accueille, ne lui parle, ne l'admette aux prières et aux sacrifices des dieux, ni ne lui donne accès aux lustrations; que tous le repoussent de leurs foyers, car il est la souillure dont nous sommes tous atteints, ainsi que vient de me le révéler l'oracle de Python ». *Œdipe-roi*, vers 236 et suiv.

3) Ce point a été parfaitement mis en lumière, pour les Sémites, par Robertson Smith (*Religion of the Semites*, lecture XI).

par le meurtrier moins dans le contact littéral du sang que dans l'attentat à l'ordre naturel des destinées établies par les dieux, seuls maîtres de la vie humaine. Dès lors les purifications n'eurent plus tant pour but de soustraire le coupable à l'influence d'Erinyes vengeresses et de le rétablir dans l'intégrité de son existence sociale que de le réconcilier avec les divinités supérieures. Même Apollon, quand il eut mis à mort le serpent Python, dut se soumettre à certaines purifications dans la vallée de Tempé, avant de reprendre sa place parmi les Immortels, et les petits Mystères, d'après une légende éleusinienne, auraient été institués par Déméter pour permettre à Héraclès de se purifier après le meurtre des Centaures[1].

Néanmoins certains crimes présentaient un caractère trop grave pour qu'on pût s'en laver par les procédés ordinaires de la cathartique. Tels étaient l'assassinat d'un concitoyen ou d'un hôte, le sacrilège, la violation du serment, la trahison envers la patrie[2]. On exclut donc de l'initiation, et, par suite, du bénéfice des Mystères, c'est-à-dire du salut dans la vie future, non seulement ceux qui étaient convaincus de ces crimes, mais encore ceux qui en étaient simplement accusés, aussi longtemps qu'ils ne s'étaient pas justifiés. L'initiation était ainsi — ou du moins aurait dû être — un certificat de bonnes mœurs, le privilège de l'innocence et de la vertu au moins négative. Mais que devait-il advenir de ceux qui, ayant participé aux Mystères, commettaient des crimes après leur initiation, ou même de ceux qui, malgré les prohibitions offi-

---

1) Strabon, IV, 14, 3.

2) Le chœur des Mystes dans les *Grenouilles*, paraphrase évidemment les prescriptions des Mystères, quand il s'adresse aux spectateurs en ces termes : « Loin d'ici le mauvais citoyen qui, dans son intérêt privé souffle et attise le foyer de la sédition ; le chef qui se vend, lorsque la patrie est en danger et livre des forteresses et des vaisseaux ; le percepteur qui fait passer en fraude des denrées prohibées, celui qui procure des subsides à la flotte ennemie ; celui qui souille les images d'Hécate tout en composant des dithyrambes ; celui qui rogne le salaire des poètes dans les Dionysies ». *Ranæ*, vers 354 et suiv.

cielles, se glissaient dans l'intimité des Bonnes Déesses avec une conscience chargée de souillures?

C'est ici qu'intervint l'Orphisme, lorsqu'il envahit les Mystères d'Éleusis à la suite du culte de Dionysos.

# CHAPITRE IV



## L'évolution mystique du culte de Dionysos.

L'hymne homérique à Déméter ne mentionne point Dionysos parmi les divinités éleusiniennes. Nous pouvons supposer que ce dieu s'introduisit à Éleusis, quand furent organisés les petits Mystères ou Mystères d'Agra, qui ne sont pas cités davantage dans l'hymne. D'après Étienne de Byzance, les mystères d'Agra commémoraient les aventures de Dionysos[1]. Il est possible qu'ils aient d'abord formé, à Athènes, un centre indépendant ; les Eumolpides se les seraient annexés, comme premier degré d'initiation, afin de se débarrasser d'une concurrence gênante. Une tradition rapporte qu'ils furent institués originairement pour permettre d'étendre aux étrangers les bienfaits de l'initiation[2].

Quoi qu'il en soit, je serais assez tenté de rattacher la division des Mystères en grands et en petits aux remaniements opérés dans les cultes de l'Attique sous l'influence du réformateur crétois Épiménide. Je n'ignore pas que le nom de ce sage est une raison sociale à laquelle on attribue toutes les réformes religieuses dont on ne sait à qui endosser la paternité dans l'Athènes de Solon. Mais il y a lieu de faire valoir que les rites des petits Mystères, — pour autant que nous en

---

1) Ἄγρα μίμηρα τῶν περὶ τὸν Διόνυσον ; au mot Ἄγραι, éd. Meineke, p. 20.
2) *Schol. ad Aristoph. Plut.*, v. 1013.

sachions quelque chose — comportaient principalement des cérémonies purificatoires[1]. Or c'est spécialement en vue d'organiser de nouvelles purifications, pendant la peste qui suivit le meurtre de Cylon, que les Athéniens firent appel au théosophe crétois. Pausanias rapporte que la statue d'Épiménide se dressait devant l'Éleusinion d'Athènes. On a soutenu récemment que cette statue pouvait se rapporter à un autre personnage du même nom[2]. Cependant le texte de Pausanias porte bien qu'il s'agit d'Epiménide de Cnossos[3].

Le Dionysos athénien, au commencement du vi° siècle, s'il n'est pas encore le grand dieu des orphiques, n'est déjà plus le simple génie du vin qui présidait aux vendanges de l'âge homérique. Les plus anciennes traditions nous le montrent parcourant les bois et les campagnes de l'Attique, de la Thrace et de la Béotie, avec un bruyant cortège de nymphes et de satyres. « La fête traditionnelle de Dionysos, écrit Plutarque, était naguère d'une gaieté simple et populaire. En tête de la procession, une amphore de vin et un sarment de vigne ; puis un bouc ; ensuite une corbeille de figues ; enfin le phallus[4] ». Des peintures de vases nous ont conservé la représentation de ce culte rustique. A cette occasion, la population de plusieurs villages se réunissait pour reproduire le thiase légendaire du dieu et c'est de ces naïves bacchanales, où s'échangeaient force quolibets, que paraît sortie la comédie antique. Les Lénées ou fêtes du pressoir et les Anthestéries ou fête des fleurs, célébrées à Athènes en l'honneur de Dionysos, ne sont que le développement de cette vraie kermesse flamande, transportée sous le riant climat de l'Hellade. Néanmoins les Anthestéries révèlent déjà une

---

1) Diodore, IV, 14, 3.

2) Cf. l'intéressante étude où M. Dumoulin a réuni tous les textes classiques concernant Épiménide (*Épiménide de Crète* dans les *Annales* de la Faculté de phil. et lettres de l'Univ. de Liège ; Liège, 1891).

3) Pausanias, I, 14, 3.

4) Plutarque, *De cupid. divit.*, VIII, éd. Didot, t. III, p. 638.

tendance à faire du génie du vin le dieu de la floraison universelle[1]; ce qui devait naturellement le rapprocher des
grandes Déesses personnifiant la fertilité de la nature.

Vers la fin du VII° siècle commença à se répandre en Grèce
l'influence des religions asiatiques qui, presque toutes, mettaient en scène un dieu mourant pour ressusciter : Attis ;
Adonis ; Sabazios, le dieu solaire des Phrygiens ; Zagreus, le
« Grand Chasseur » de la Crète, etc. Suivant Hérodote, vers
l'an 600 av. notre ère, Clisthènes, tyran de Sicyone, « res-
titua » à Dionysos les chœurs tragiques par lesquels on célébrait les souffrances du héros Adraste[2]. Or Adraste, comme
l'a fait observer Maury à la suite d'Ottfried Muller, n'est pas
sans rapports avec Adonis et Attis ; il semble en même temps
une forme altérée de Zagreus[3]. Déjà antérieurement le culte
de Zagreus lui-même semble s'être répandu en Grèce : un
vers de l'*Alcméonide* nomme Zagreus « le plus élevé de tous
les dieux[4] ».

Néanmoins Dionysos ne peut mourir que pour renaître. Le
raisin n'est-il pas arraché, déchiré, écrasé dans le pressoir
pour se transformer en un liquide généreux? « Il est parlé de
Dionysos, lisons-nous dans Plutarque, comme d'un dieu qui
est perdu, qui disparaît, qui abandonne la vie et qui est engendré à nouveau[5] ». On se mit donc à célébrer la passion de
Dionysos avec une alternance de deuil et d'allégresse qui ne
pouvait qu'accentuer la tendance orgiaque de son culte.
C'est alors que se forment sur le sol grec les mystères dionysiaques avec leur pompe asiatique et leurs transports
tumultueux, les thiases de bacchantes échevelées, les rites

1) Decharme, *Mythol. de la Grèce ant.*, p. 446.
2) Hérodote, V, 67.
3) Maury, *Rel. de la Grèce*, t. III, p. 327.
4) *Etymologicon Graec. ling. Gudianum*, au mot Ζαγρεύς. — Il semble impossible de faire descendre la rédaction de l'*Alcméonide* plus bas que le VII° siècle.
Quelques érudits la font même remonter beaucoup plus haut. Mais est-il certain
que ce vers ne soit pas une interpolation orphique?
5) Plutarque, *De Ei ap. Delph.*, 9 (389 *b*).

obscènes et sanguinaires qui devaient s'infiltrer jusqu'à Rome et y provoquer une énergique répression[1].

Ces rites s'expliquent par l'identification de Dionysos avec le principe de la vie végétale. Les cris sauvages et les danses frénétiques des bacchantes ont pour objet de réveiller les génies de la nature endormis pendant l'hiver; le sang des victimes déchirées par les Ménades nous ramène à l'âge où l'on croyait, par des libations sanglantes, ranimer l'activité des esprits en léthargie. Ces esprits eux-mêmes sont représentés par les satyres qui forment le cortège du dieu et qui assument souvent une attitude ityphallique, comme pour mieux personnifier les forces génératrices. Dionysos est appelé Ἐλευθέριος, le Libérateur (des germes endormis); Φυσίζωος, le Vivificateur; Πολύμορφος, Celui qui prend les formes les plus diverses. Ses plus anciennes représentations figurées sont empruntées au règne végétal, que rappelle son épithète de *Dendritès*. Parmi ses attributs figurent le phallus, la corne d'abondance, le thyrse qui lui sert à faire jaillir des sources d'eau et de vin. Partout on nous montre des fleurs et des fruits naissant sous ses pas. Ses principales fêtes se passaient entre le solstice d'hiver et l'équinoxe du printemps. A Delphes, il remplaçait, pour ainsi dire, Apollon pendant les mois d'hiver. « Au commencement de l'hiver, rapporte Plutarque, le dithyrambe se réveille, le péan se tait et pendant trois mois un dieu succède à l'autre dans les invocations[2]. »

On ne pourrait indiquer plus clairement que le joyeux Dionysos est aussi un Apollon hivernal, nocturne (Νυκτέλιος) ou souterrain (Χθόνιος), une sorte d'Osiris grec. Il est donc devenu un doublet d'Hadès en sa qualité de Πολυδέκτης, Celui

1) Un des rares sacrifices humains qu'ait connus la Grèce historique est l'immolation par Thémistocle, en 480, de trois jeunes gens à Dionysos Omestès (Plutarque, *Thémistocle*, 13).

2) Plutarque, *De Ei apud Delph.*, 9 in fine.

3) Pour les épithètes de Dionysos et les détails de son culte, cf. Gerhard, *Griech. Mythol.*; Maury, *Myth. de la Grèce antique*, I, pp. 510 et suiv.; surtout Lenormant dans Daremberg et Saglio, t. I, pp. 591 et suiv.

qui reçoit la multitude, et Πλουτοδότης, Celui qui distribue la richesse. On le donnera pour époux tantôt à Coré, tantôt à Déméter elle-même. Ainsi se trouvera naturellement préparée à Éleusis la pénétration de conceptions et de rites, qui, comme l'a si bien vu M. Jules Girard, d'une part introduiront dans le culte des Grandes Déesses un accent plus passionné et plus tragique, d'autre part préciseront ou développeront la théosophie des Mystères dans le sens des doctrines orphiques[1].

### L'Orphisme, méthode plutôt que doctrine.

Il est très difficile de formuler des vues d'ensemble au sujet de l'Orphisme. Cette école couvre de son nom toute une série d'hymnes, de poèmes et de fragments qui vont du vi[e] siècle avant notre ère aux derniers jours du paganisme. Ses œuvres, qui ne sont ni datées ni signées de leurs véritables auteurs, reflètent les idées de tous les systèmes philosophiques qui se sont succédé depuis Pythagore jusqu'aux néo-platoniciens[2]. En réalité l'orphisme, — et c'est peut-être ce qui explique son succès en même temps que sa longévité

1) J. Girard, *Le sentiment religieux en Grèce, d'Homère à Eschyle*, 1re éd., p. 237 et suiv.

2) Le mouvement orphique forme encore un des chapitres les moins approfondis de l'histoire de la pensée grecque. En attendant l'édition des *Orphica* promise par MM. Dietrich et Kroll, nous devons nous en référer, pour les textes, au second volume de l'*Aglaophamus* de Lobeck ainsi qu'aux *Orphica* d'Hermann (Leipsig, 1805), d'Abel (Leipsig, 1885) et de Dieterich (Marburg, 1891); pour les commentaires, aux travaux d'Alfred Maury sur les *Cosmogonies orphiques* dans la *Revue archéologique* (t. VII); de M. Jules Girard sur le *Sentiment religieux en Grèce* (Paris, 1re éd., 1869) et de M. Gruppe dans le *Lexikon der Mythologie* de Röscher (article *Orpheus*). Il convient d'y ajouter l'ouvrage de M. Maas : *Orpheus* (Munich, 1895), où l'auteur s'applique à rechercher les traces de l'influence orphique dans les religions grecque et romaine aussi bien que dans le christianisme primitif.

— fut une méthode, plus qu'une doctrine; moins un essai de fonder une philosophie ou même une religion qu'une tentative pour concilier les traditions mythiques avec les exigences de la culture ambiante et pour mettre au service des écoles philosophiques en vogue les ressources du sentiment religieux. La seule condition qu'il réclamât des systèmes auxquels il prêta les ressources de son mysticisme, c'est qu'ils donnassent satisfaction à la tendance panthéistique par laquelle s'est traduit d'une façon continue l'effort du génie grec pour introduire l'unité et l'harmonie dans la conception de l'univers.

Au fond, cette tendance qui s'affirme nettement avec Platon et qui atteint son complet développement dans la philosophie alexandrine, mais qui s'ébauche graduellement à partir de Thalès et de Pythagore, aboutit à formuler une double conception : 1° derrière toutes les manifestations de la nature, il y a l'Être indéterminé, que, faute d'un meilleur nom, on appellera indifféremment le Chaos, la Nuit, l'Océan sans limites, le Temps sans bornes, l'Un, l'Ineffable, le Père inconnu; 2° de cet Être indéterminé et indéterminable se dégage un agent mystérieux, opérant suivant des lois fixes, auquel se ramènent, en dernière analyse, tous les phénomènes de l'univers. Les uns le nomment Zeus ou Éros, d'autres Noûs ou Pneuma, quelques-uns Perséphonè ou la Nature ; Platon en fait le prototype (ἰδέα) de l'univers; Philon, le Logos; Herbert Spencer, la Force ou l'Énergie [1].

Ce serait sortir de mon cadre que de rechercher quelle a pu être, dans la genèse de cette double notion, la part des spéculations orientales. L'originalité incontestable de la phi-

---

1) Dans certains systèmes, ce « Dieu second » se fractionne en plusieurs hypostases qui personnifient les opérations successives de l'acte créateur et constituent, en quelque sorte, un nouveau polythéisme : le Démiourge et le Cosmos de Numénius; — le Bien (τὸ καλὸν), l'Intelligence (ὁ νοῦς) et l'Âme (ἡ ψυχή) de Plotin — la chaîne des éons gnostiques, etc. Toutefois, ces hypostases, si multipliées qu'on les suppose, procèdent de la Réalité absolue et y retrouvent leur unité.

losophie grecque consiste surtout dans ses tentatives de résoudre ce problème corrélatif que le panthéisme de l'Asie occidentale a trop souvent ignoré ou superficiellement tranché : Comment concilier la fatalité de l'évolution cosmique avec la liberté et la responsabilité de l'homme? L'orphisme fut, dans ce domaine, à la fois effet et cause; il subit l'influence des principales écoles philosophiques qui s'étaient constituées en dehors de son action, et il réagit à son tour par les conceptions théogoniques ou eschatologiques qui passèrent de la spéculation religieuse dans la philosophie. Quelle que soit la difficulté de classer les rares documents qu'il nous a laissés, il nous offre cependant quelques points de repère. Ainsi l'on peut attribuer à sa première période, — celle qui nous intéresse ici particulièrement, — les fragments reproduits par les écrivains du siècle de Périclès. On peut également accorder une certaine créance aux citations que fournissent les écrivains des siècles subséquents et même de la basse époque, lorsqu'ils rapportent ces passages à des auteurs dont les œuvres étaient alors connues et accessibles. Enfin il convient de faire descendre aux derniers temps du paganisme les poèmes qui reflètent les conceptions des néo-platoniciens, tels que les *Argonautica* et les *Lithica*, ainsi que la collection des hymnes, prières et litanies destinés aux purifications ou aux Mystères [1]; ces derniers documents, toutefois, offrent surtout de l'intérêt, en ce qu'ils nous fournissent un point d'arrivée dans l'évolution théologique des Mystères.

---

1) Ces hymnes traduits en anglais par Thomas Taylor (*The Mystic Hymns of Orphæus*, Chiswick, 1824) et en français par Leconte de Lisle (Paris, 1869).

## Les cosmogonies orphiques.

Déjà avant l'apparition de l'orphisme, Phérécyde et Pythagore avaient esquissé des cosmogonies unitaires en y assignant une place aux grandes divinités de la mythologie. Onomacrite, qui passe pour avoir écrit les premiers livres orphiques attribués à Orphée, à Musée, à Linos ou à d'autres aèdes encore, vivait à Athènes, sous les Pisistratides, à la fin du vi° siècle. Il était peut-être un disciple des Pythagoriciens, à moins qu'il ne fût leur rival. Il enseignait, s'il faut en croire Sextus Empiricus et Ausone, que le feu, l'eau et la terre étaient les principes de l'univers[1]. Par là, il se rattachait à l'enseignement des premiers physiciens de l'école ionienne ; seulement il s'agissait ici des éléments personnifiés sous le nom des anciens dieux[2] ; et l'orphisme, mettant en œuvre le procédé théogonique popularisé par Hésiode, fera dériver ces divinités élémentaires, à travers toute une série de générations, d'un couple primordial[3], bientôt envisagé lui-même comme la différenciation d'un être unique. Cet être unique (la substance primordiale, οὐσία, des Pythagoriciens), les Orphiques, remontant les deux voies qui aboutissent à l'Absolu, l'appelaient tantôt le Chaos ou la Nuit, c'est-à-dire l'Espace sans limites, tantôt Chronos, le Temps sans bornes.

Il nous est impossible d'établir laquelle de ces deux cos-

---

1) Sextus Empiricus, *Hypotyp.*, III, 4 (éd. 1621, p. 115); cf. Ausone, *Griphus*, v. 74, où les trois pieds du trépied orphique sont assimilés à la terre, l'eau et le feu.

2) « Sache, dira encore Plutarque, qu'il y a d'abord quatre racines de toutes choses : Zeus étincelant, Héra, Hadès, le dieu nourricier et Nestis dont les larmes alimentent les sources » (*De placit. philos.*, I, 30).

3) L'Océan et sa sœur Thétis (Platon, *Cratyle*, XIX).

mogonies est la plus ancienne dans l'orphisme. Celle qui se rattache à la personnification du chaos semble plus simple et elle rentre davantage dans les traditions de la mythologie hésiodique ; celle qui met le temps à l'origine des choses suppose un concept plus abstrait ; elle se rapproche des spéculations perses qui plaçaient au dessus d'Ormuzd et d'Ahriman, Zervan Akarana, le Temps sans bornes [1]. — Dans le premier système, les Orphiques faisaient surgir du Chaos l'Éther ou principe spirituel de toute différenciation, lequel, après s'être condensé sur la périphérie, formait, avec le concours du Chaos, l'Œuf cosmique [2]. Dans le second, l'œuf cosmique a été également constitué par le Chaos et l'Éther, mais Éther et Chaos émanent de Chronos, que les Orphiques, au dire de Proclus, appelaient « le principe ineffable de toutes choses » [3]. Les deux systèmes étaient d'accord pour faire sortir de l'œuf cosmique un être merveilleux, personnification de la Lumière, de la Vie et de l'Intelligence, principe de l'Ordre et de l'Harmonie. Cet être « engendré par des générations mystérieuses » [4], les Orphiques le célèbreront, dans leurs hymnes, tantôt sous les noms abstraits de Phanès (Celui qui fait apparaître), d'Ericapaios (Celui qui différencie), de Mêtis (la Réflexion) ; tantôt sous les traits mythologiques d'Éros, Zeus, Déméter, Perséphonè, Hadès ou Dionysos [5]. Leur doctrine sur ce point a pu se constituer avant Platon, car celui-ci cite déjà, comme une antique tradition (παλαιὸς

---

1) Cf. Cumont, *Mithra*, t. I, pp. 78 et 294. — James Darmesteter, tout en faisant une large part à l'influence de la philosophie grecque dans le développement de la théologie mazdéenne, admet que : « il n'y a pas d'impossibilité à ce qu'un zervanisme eût déjà existé sous les Achéménides, car le dogme de la durée limitée du monde suppose celui du Temps sans bornes ». Commentaire du *Zend Avesta* dans le t. XXIV des *Annales du Musée Guimet*, 1893, p. LXX, note.

2) Simplicius, *Ad Auscult.*, I, 31, 6.

3) Proclus, *In Cratyl.*, p. 13.

4) Ἀρρήτοις λέκτροισι τεχνωθείς (*Hymn.* XXX, 2 — Cf. *Hymn.* XXIX, 7 : ἀρρήτοισι γοναῖς).

5) Un hymne orphique appelle Phanès : *Protogonos*, « le premier né, aux deux sexes... sorti de l'œuf aux ailes d'or » (Hermann, *Hymn* IV).

λόγος), l'opinion qu'en Dieu est le commencement, la fin et le milieu de toutes choses [1].

Une fois formée cette conception unitaire de l'Âme suprême ou de la vie universelle, il importait peu de quel nom on la revêtait. Les dieux devenaient tous des personnalités équivalentes, ou du moins interchangeables, qui pouvaient indifféremment assumer à tour de rôle le rang de divinité suprême dans les hymnes où ils étaient invoqués. C'est l'état religieux que Max Muller a baptisé d'*hénothéisme* [2]; il implique à la fois le syncrétisme et le symbolisme qui vont caractériser de plus en plus la théosophie du paganisme antique. Les poésies orphiques proclament formellement que Dionysos n'est autre que Zeus, Hadès, Hélios [3]. — Au fond, c'est toujours la Nature (Φύσις) ou plutôt la force vitale de l'Univers que célèbre le poète : « O nature, Reine-mère de toutes choses, mère inépuisable, vénérable, créatrice, qui domptes tout, innommable, resplendissante, née la première, qui détruis tout, qui apportes la lumière,... fin qui n'a point de fin, commune à tous, mais incommunicable, née de toi-même,... mêlée à tout et sachant tout,... amère aux mauvais, douce aux hommes pieux — Bienheureuse, qui fais croître et qui dissous, — père et mère de toutes choses,... ouvrière universelle roulant dans un tourbillon sans fin, conservatrice qui t'entretiens par d'éternelles transformations... Vie éternelle, immortelle Providence à qui tout appartient et qui seule fais toutes choses, je te supplie de me donner la paix, etc. [4] ».

Dans toute la littérature religieuse de l'antiquité classique, à part la sublime prière de Cléanthe, il y a peu d'hymnes dont l'émotion religieuse puisse être mieux saisie par l'âme

---

1) Ὁ μὲν δὴ θεός, ὥσπερ καὶ ὁ παλαιὸς λόγος, ἀρχήν τε καὶ τελευτὴν καὶ μέσα τῶν ὄντων ἁπάντων ἔχων. Platon, *Leges*, IV, éd. Didot, p. 326.

2) Max Muller, *Origines et développement de la Religion*, trad. Darmesteter, Paris, 1879, p. 237.

3) Macrobe, *Saturn.*, I, ch. 18.

4) *Hymne* IX (X de la trad. Leconte de Lisle).

moderne, qu'on le lise dans le texte grec ou dans la belle
langue du poète français. Sans doute la rédaction en est
d'une époque assez avancée, postérieure en tout cas au développement de la philosophie stoïcienne. Mais le syncrétisme, dont ces chants sont l'expression, se révèle du jour
où les Orphiques se sont groupés autour du culte de Dionysos. On lit dans un fragment d'Euripide, reproduit par Clément d'Alexandrie: « A toi, souverain ordonnateur, j'apporte
cette libation, à toi Zeus ou Hadès, suivant le nom que tu
préfères... C'est toi qui, parmi les dieux du ciel, tiens le
sceptre de Zeus ; c'est toi aussi qui, dans les Enfers, partages
le trône d'Hadès » [1].

### L'eschatologie orphique.

Un corollaire forcé de cette cosmogonie panthéistique,
c'est la notion que les âmes individuelles sont des parcelles
temporairement détachées de l'âme universelle. Celle-ci
étant le souverain bien, c'est-à-dire l'existence dans sa plénitude, toute existence séparée, individuelle, est un mal, une
souffrance, un exil ; par suite, pour donner satisfaction à
l'idée de justice, l'emprisonnement dans un corps ne peut
être qu'un châtiment ou une épreuve. « Les disciples d'Orphée, fait dire Platon à Socrate, donnent le nom de σῆμα
(tombeau) à la peine que subit l'âme en expiation de ses
fautes et ils regardent l'enceinte corporelle comme une pri-
son où l'âme est gardée » [2].

Un pareil système implique la croyance, sinon nécessairement à la métempsychose, du moins à la transmigration des

1) Clément d'Alexandrie, *Stromat.*, V, 12, 71. — La plupart des érudits estiment que ce fragment provient des *Crétois*; cf. *Eurip. fragmenta*, éd. Didot,
fragm. 966.
2) *Cratyle*, XVII.

âmes ; les conditions de la vie présente sont la résultante
des actes commis dans une existence précédente ; les actes
de la vie présente déterminent les conditions de la vie future ;
la vie future, à son tour fournira aux âmes « tombées dans
la génération » selon l'expression de Porphyre, l'occasion
d'effacer leurs souillures passées ou de les aggraver [1], et
ainsi de suite, jusqu'à ce qu'elles aient retrouvé leur pureté
première. Les Orphiques donnaient à la semence humaine
le nom de μίτος (trame) et ils comparaient la naissance d'un
enfant au nœud d'un filet qui représente dans ses mailles la
succession des existences individuelles [2].

Ce cycle des renaissances qui rappelle les eschatologies
de l'Inde peut se poursuivre sur terre à travers l'échelle des
créatures animales et humaines. Ou bien il peut se dérouler
parmi les mondes stellaires qui peuplent l'immensité. Ou
bien encore — et c'est par là que nous rentrons dans la mythologie — il pourra utiliser les traditions relatives aux
séjours dans le Tartare et dans les Champs-Élysées. « Musée
et son fils Eumolpe, rapporte Platon, attribuent aux justes
de magnifiques récompenses. Ils les conduisent, après la
mort, dans la demeure d'Hadès et les font asseoir, couronnés
de fleurs, au banquet des hommes vertueux, où ils passent
leur temps dans une perpétuelle ivresse. Quant aux mé-
chants et aux impies, ils les croient relégués aux enfers,
plongés dans un bourbier et condamnés à porter l'eau dans
un crible [3] ». Ailleurs, Platon fait intervenir les juges des
Enfers qui prononcent des sentences où la peine est propor-
tionnée au délit. Il s'en faut, toutefois, que ces rémunérations posthumes aient un caractère de finalité incompatible
avec le principe de la transmigration. Platon lui-même
montre les âmes passant d'une enveloppe animale à un corps

---

1) Cf. le langage d'Empédocle dans Plutarque, *De Exilio*, 17 : « Moi aussi je
suis maintenant un de ces exilés qui errent loin de Dieu pour avoir écouté la
discorde furieuse ».

2) Maury, *Rel. de la Grèce*, t. III, p. 313.

3) *De Republ.*, II (éd. Didot, p. 26).

astral ou éthéré, suivant la conduite qu'elles ont tenue dans chaque existence [1] : la traversée de l'Hadès n'est plus qu'une purification intermédiaire. Pindare est, à ce propos, plus explicite encore et il semble bien l'écho des conceptions orphiques, quand il écrit : « Ceux de qui Perséphonè acceptera la rançon d'une faute antique, seront renvoyés par elle, au bout de neuf ans, vers la lumière supérieure. Telle est l'origine des rois magnifiques, des hommes puissants par leur force ou grands par leur sagesse, à qui la postérité décernera le nom de héros sacrés » [2].

En un mot, les âmes, dans la mesure où elles font le bien ou le mal, « montent » ou « descendent ». Se dégradent-elles au cours de leur passage sur terre, elles seront, après la mort, reléguées dans les sombres bourbiers de l'Hadès ou même géhennées dans les supplices dont les Mystères exhibent le terrifiant tableau. S'épurent-elles, au contraire, en s'affranchissant des passions et des appétits charnels, elles se rapprochent de leur source divine où elles trouveront une béatitude dont les Champs-Élysées fournissent tour à tour l'image ou le symbole, suivant l'état d'esprit des initiés. Cette épuration est l'objet de la « vie orphique » — c'est-à-dire d'un ensemble de préceptes qui tendent à assurer l'observation de certains rites symboliques, en même temps que la pratique de la continence et de la vertu [3]. — Sous ce rapport, les Orphiques sont bien les continuateurs de Pythagore.

### L'Orphisme et le culte de Zagreus.

Pausanias attribue à Onomacrite d'avoir raconté en vers la

<hr>

1) *De Republ.*, X (éd. Didot, p. 456). — *Timée*, XVII.
2) Pindare, fragm. XVI (98).
3) Platon, *Leges*, VI, éd. Didot, p. 371.

passion (παθήματα) de Dionysos [1]. A la fin du vɪᵉ siècle, ce dieu
comme nous l'avons vu plus haut était déjà devenu le symbole de la Vie universelle : il grandit, souffre, meurt et se
réincarne dans des conditions nouvelles. Après s'être ratta-
ché les mystères de Dionysos Sabazios, le Bacchus de la
Thrace et de la Phrygie, les Orphiques s'approprièrent les
mystères du Dionysos crétois, et il semble même que bientôt ils y avaient ajouté ceux de Zeus Idéen, ainsi que de la
Grande Mère (Cybèle). Voici en effet le langage qu'Euripide
fait tenir, dans ses *Crétois*, à un chœur de bacchants : « La
pureté est la loi de ma vie depuis le jour où j'ai été consacré
aux mystères de Zeus Idéen ; où, après avoir pris part aux
omophagies suivant la règle de Zagreus, ami des courses
nocturnes, et élevé les torches en l'honneur de la Grande
Mère, j'ai reçu saintement le double nom de Curète et de
Bacchant. Couvert de vêtements d'une parfaite blancheur,
je fuis la naissance des mortels ; je n'approche pas des sé-
pultures et je n'admets parmi mes aliments rien de ce qui a
vécu » [2].

La Crète — terre de syncrétisme où les croyances helléniques se mélangeaient aux religions de l'Asie et même de
l'Égypte — pratiquait dès les temps les plus anciens un
usage qui se retrouve chez un certain nombre de peuples
barbares ou sauvages et qui apparaît à quelques ethnologues
comme une survivance totémique. Les clans qui s'abstien-
nent ordinairement de manger la chair de certaines espèces
animales, parce qu'ils regardent celles-ci comme trop sacrées, immolent et consomment dans les circonstances so-
lennelles un représentant de ces espèces. Parfois, ils dépè-
cent la victime encore pantelante et s'en disputent les lambeaux tout crus. Robertson Smith, qui a étudié chez les
Sémites cette forme de sacrifice, l'explique par l'idée qu'en
absorbant la chair et le sang encore frais d'un dieu, on se

1) *Pausanias*, VIII, 37, 3.
2) Fragm., dans Porphyre, *De Abstinentia*, IV, 19.

procure comme un nouvel influx de vie divine[1]. Il est probable que les plus anciens habitants de la Crète déchiraient, dans des circonstances analogues, un taureau auquel ils avaient rendu des honneurs divins. A une époque indéterminée, ils assimilèrent ce taureau à un dieu Zagreus et ils inventèrent ou adoptèrent une légende exposant que ce rite représentait la mort du dieu dépecé par les Titans[2]. Sans doute, la coutume s'était introduite de mettre en réserve le cœur de l'animal pour l'offrir à un Zeus local. On expliqua cette offrande — peut-être sous l'influence de la légende osiriaque relative au phallus du dieu dépecé par Typhon — en supposant que le cœur de Zagreus avait été porté à Zeus, afin que celui-ci lui restituât son corps et sa vie. Enfin, plus tard, Zagreus fut, à son tour, assimilé à Dionysos. Celui-ci fut représenté tantôt comme un adolescent à tête de taureau, tantôt comme un taureau chaussé de cothurnes et l'omophagie trouva naturellement place dans le culte du dieu de la vigne[3].

Les Orphiques firent de Zagreus, non pas seulement le dieu de la destruction et du renouvellement universels, un véritable démiourge qui rappelle le Çiva brahmanique, mais encore, en sa qualité de premier-né (πρωτόγονος) de Zeus une sorte de logos pré-philonien. Il se révèle derrière tous les noms ; — il est le Pan aux mille formes, — le souverain universel (Παντοδυνάστης). D'autre part, — s'il est le grand Chasseur qui prend les hommes dans ses rets, comme dieu de la mort, — il est aussi Celui qui leur assure l'immortalité, en sa qualité de dieu de la vie et de la régénération. Il justifiera ainsi son appellation de Dionysos Sauveur (Σωτήρ). Ses adversaires, les

---

1) Robertson Smith, *Relig. of the Semites*, p. 282 et suiv.

2) M. Frazer se demande s'il ne faut pas chercher un usage de ce genre à la source du mythe d'Osiris dépecé par Typhon, *Golden Bough*, t. I, p. 306.

3) L'animal dépecé vivant dans les bacchanales, n'était pas toujours un taureau, mais parfois aussi un chevreau, comme on le voit parmi les peintures de plusieurs vases antiques (Clarac, *Musée de sculpture*, pl. 126, n° 118 ; 135, n° 118) ; surtout un vase actuellement au Musée Britannique (Panofka, *Musée Blacas*, pl. XIII).

Titans, personnifient les forces désordonnées et les passions mauvaises, qui triomphent momentanément, mais qui sont définitivement vaincues et châtiées. Son apothéose symbolise le triomphe de l'ordre dans l'univers. Le mythe ajoute que l'homme naquit des cendres des Titans, foudroyés par Zeus après qu'ils eurent dévoré les chairs du divin enfant : ainsi s'explique que l'homme ait une double nature : l'une, titanique, démoniaque, dont il doit se délivrer ; l'autre, divine, dont il doit assurer le développement par un effort de volonté persistante. — Il n'est pas jusqu'à l'omophagie qui ne fournisse le moyen de participer à la vie et à l'immortalité du dieu par l'absorption de sa chair et de son sang [1].

La grande différence entre les mystères de Dionysos Zagreus et ceux d'Éleusis, c'était à l'origine que, dans les premiers, l'initiation suffisait à assurer le salut, tandis que dans les seconds, il fallait en outre que l'initié se conformât à une certaine façon de vivre : la vie orphique.

### Comment l'Orphisme s'introduisit à Éleusis.

On a supposé que l'orphisme s'était introduit à Éleusis en assimilant Dionysos à Iacchos, — l'*archégète* des Mystères, comme le qualifie Strabon — le divin conducteur de la procession qui reliait aux grands Mystères les purifications préalables sur le territoire d'Athènes [2]. Cette procession, ignorée, comme du reste le personnage même d'Iacchos, dans l'hymne homérique à Déméter, est mentionnée pour la première fois par Hérodote à propos de la seconde guerre médique [3]. Mais rien n'établit qu'à cette époque Iacchos eût cessé d'être le simple génie démétérien dont Strabon rap-

1) Girard, *Du sentiment religieux en Grèce*, 1re éd., p. 261.
2) Strabon, lib. IX, chap. i, § 9.
3) Hérodote, *Hist.*, VIII, 65.

pelle les origines locales. Il résulterait même une présomption en sens contraire du fait que, dans les *Grenouilles* d'Aristophane[1], Dionysos rencontre le cortège des mystes, conduit par Iacchos, sans que le poète ait l'air de s'apercevoir de ce double emploi. Cependant Euripide nous dit déjà que, dans les Enfers, la fille de Déméter doit témoigner une considération particulière aux amis d'Orphée[2]. En outre Platon, dans sa *République*, fait d'Eumolpe le fils de Musée[3]; ce qui montre que les Orphiques avaient déjà réussi à établir un lien de filiation entre leur théologie et les Mystères d'Éleusis. Pour Aristophane et Démosthène, Orphée est incontestablement l'auteur des Mystères[4]. Nous ne pourrons donc pas nous tromper de beaucoup en plaçant dans les dernières années du v° siècle ou dans les premières du iv° l'infiltration de l'orphisme dans les Mystères d'Éleusis[5].

Comment s'opéra-t-elle? Suidas rapporte que les Orphiques avaient écrit, sous le nom d'Eumolpe, un ouvrage de trois mille vers sur les Mystères de Déméter, sur les aventures de la déesse chez Céléos et sur l'initiation des filles de ce dernier[6]. Cependant il n'est guère vraisemblable que les Orphiques bouleversèrent les cérémonies existantes. Celles-ci étaient définivement fixées par les traditions écrites et orales des Eumolpides. Même gagnés à l'orphisme, l'hiéro-

1) *Ranae*, v. 324 et suiv.

2) τοὺς Ὀρφέως τιμῶσα φαίνεσθαι φίλους. Euripide, *Rhesos*, v. 965 (éd. Didot, p. 363). Voy. aussi vers 943-944.

3) Platon, *De Republica*, liv. II, § 6).

4) Aristophane, *Ranae*, vers 1032 : Ὀρφεὺς μὲν γὰρ τελετάς θ' ἡμῖν κατέδειξε, φόνων τ' ἀπέχεσθαι; Démosthène, *Advers. Aristogiton*, I, 172, 26 : Ὁ τὰς ἁγιωτάτας ἡμῖν τελετὰς καταδείξας Ὀρφεώς.

5) Lenormant a même cru pourvoir établir la date exacte, en 380, quand la charge de Dadouque, par suite de l'extinction des Kéryces, aurait passé à la branche des Lycomides. Celle-ci pratiquait, à Phlia, des Mystères analogues à ceux d'Éleusis. On y chantait, au dire de Pausanias (IX, 27, 2; I, 22, 7), des hymnes en l'honneur de Déméter, dont la composition était attribuée à Orphée, à Musée et à Pamphos. Mais M. Foucart a établi que selon toute vraisemblance les fonctions de dadouque ne sortirent jamais de la famille des Kéryces (*Recherches*, 2° mémoire; pp. 47-48).

6) *Lexicon* au mot Εὔμολπος.

phante et le dadouque n'auraient osé altérer la forme extérieure des rites. Les Orphiques accomplirent ce qu'essayèrent, dans la première moitié du xviiiᵉ siècle, les Jacobites anglais, lorsqu'ils tentèrent de superposer aux organisations franc-maçonniques de la Grande-Bretagne, des grades nouveaux, destinés à grouper les partisans des Stuart. L'Orphisme concentra ses innovations dans un troisième degré d'initiation qui fut placé à la suite des grands Mystères : l'époptie.

C'est probablement alors que Dionysos fut assimilé à Iacchos. Par suite de ce rapprochement, Dionysos, qui était déjà identifié à Hadès, comme époux de Corè, devint aussi le frère de celle-ci, en tant que fils de Déméter. D'autre part son assimilation à Zeus avait fait également de Dionysos l'époux de Déméter ; on le fit donc s'unir successivement à la mère et à la fille. Enfin il semble qu'on l'ait représenté comme le fils de Corè et d'Hadès[1]. Ces identifications complexes et même contradictoires n'avaient rien qui effrayât les Orphiques. Jamais ils ne se mouvaient plus à l'aise que quand il s'agissait d'extraire une haute vérité d'affirmations absurdes ou une moralité profonde des images les plus choquantes. Aussi ne devaient-ils pas hésiter à introduire dans l'époptie, non seulement les omophagies, mais encore les obscénités mythologiques que les premiers apologistes du christianisme ont si vivement reprochées aux Mystères et qui révoltaient jusqu'à certains auteurs païens.

Les hiérogamies, c'est-à-dire la représentation des unions plus ou moins légitimes entre dieux et déesses, n'avaient pas toujours un caractère licencieux ; témoin les noces de Zeus et de Héra, qui se célébraient avec toutes les formalités des mariages légaux. Dans le drame démétérien, c'était l'enlèvement de Corè, et non la consommation du rapt, qui formait l'épisode principal. Mais dans la légende dionysiaque que met en scène

1) Cf. dans le dictionnaire de Daremberg et Saglio l'article consacré à *Bacchus*, par F. Lenormant (t. I, p. 632 à 636).

l'époptie, les amours volontaires ou forcées, parfois incestueuses, de Déméter et de Coré prenaient un caractère réaliste et brutal que ne rachetaient pas les formes bestiales ou monstrueuses dont les divinités se revêtaient pour la circonstance[1]. Aucun détail n'était épargné. Tout au plus, dans les moments scabreux faisait-on l'obscurité sur la scène, à l'instar de ces romanciers qui traçaient naguère une ligne de points pour sauvegarder la bienséance, en laissant l'imagination du lecteur supposer le reste[2]. Évidemment le jeu des acteurs n'était qu'un simulacre. L'auteur des *Philosophoumena* rapporte même, peut-être par ironie, qu'on faisait préalablement avaler aux hiérophantes une potion d'ellébore à raison de ses vertus anti-aphrodisiaques[3]. — Ces représentations n'en altéraient pas moins les traditions jusque-là sobres et chastes des grandes déesses d'Éleusis.

### De l'enseignement doctrinal dans les Mystères.

De ce qui précède résulte que, si les Orphiques s'étaient bornés à introduire dans les Mystères d'Éleusis les pratiques du culte dionysiaque, sans y introduire également leur eschatologie et leur morale, on devrait en conclure avec Lobeck que leur intervention eut simplement pour résultat de corrompre et de dégrader l'antique institution des Mystères. Or de nombreux savants estiment que ceux-ci ne comportaient aucune espèce d'interprétation, ni, par conséquent, d'enseignement philosophique ou moral. C'était une

1) Zeus s'unit tour à tour à Déméter, sous la forme d'un taureau, et à leur fille Coré, sous la forme d'un serpent ou d'un dragon.

2) Diodore de Sicile dit que le culte de Dionysos Sabazios se célébrait dans la nuit et le mystère, parce que la décence commande de voiler le secret des rapports entre les sexes (IV, 4, 4).

3) *Philosophoumena* lib. V, 1, 171, éd. Migne, p. 3149.

leçon de choses, à laquelle chacun attribuait la signification qui lui plaisait. A l'appui de cette thèse on a surtout fait valoir deux textes, l'un de Plutarque, l'autre de Synésius. « J'écoutais ces choses avec simplicité, écrit le premier, comme dans les cérémonies d'initiation qui ne comportent aucune démonstration, aucune conviction entraînée par le raisonnement »[1]. — « Aristote, écrit de son côté Synésius, est d'avis que les initiés n'apprenaient rien d'une façon précise; mais qu'ils recevaient des impressions; qu'ils étaient mis dans une certaine disposition à laquelle ils étaient préparés convenablement[2]. »

Il est à remarquer que le texte de Plutarque, dans les termes généraux où il est formulé, affirme simplement l'existence de cérémonies qui ne comportent aucune démonstration; mais il n'ajoute nullement que c'est là *toute* l'initiation. Quant à Synésius, son opinion de seconde main n'implique pas davantage l'exclusion de commentaires qui auraient précédé ou suivi l'initiation proprement dite. Clément d'Alexandrie nous apprend lui-même que « les petits Mystères renfermaient un certain fondement d'instruction et une préparation à tout ce qui va suivre »[3]. C'est exactement ce qui se passe dans la liturgie chrétienne, notamment dans les cérémonies de la Messe où est représentée symboliquement la passion du Christ. Là également, « il n'y a qu'à contempler et à approfondir la nature et les actes »; mais des instructions préalables ont mis le fidèle à même de saisir la profonde portée du rite dans le sens de la théologie admise par l'Église.

Il est très possible qu'à Éleusis l'instruction ait eu simple-

1) Plutarque, *De defect. oracul.*, ch. XXII.
2) Synésius, *Oration.*, éd. Petau, p. 48.
3) « Ce n'est pas sans raison que dans les Mystères des Grecs ont lieu d'abord les purifications analogues aux ablutions des Barbares. Viennent ensuite les petits Mystères renfermant un certain fondement d'instruction et une préparation à tout ce qui doit suivre. Quant aux grands Mystères, il ne reste plus dans leur ensemble rien à apprendre; il n'y a plus qu'à contempler et à approfondir la nature et les actes » (ἐποπτεύειν δὲ καὶ περινεύειν τὴν φύσιν καὶ τὰ πράγματα), *Stromat.*, V, éd. Bekker, p. 682.

ment pour but de faire comprendre aux initiés la signification légendaire des scènes qui allaient être jouées sous leurs yeux et de les préparer ainsi aux impressions dont parle Synésius. Toutefois ces explications, qu'elles fussent données par l'hiérophante en personne ou par les mystagogues antérieurement initiés, n'en offraient pas moins l'occasion d'orienter l'interprétation des cérémonies dans le sens d'une doctrine particulière. D'autres instructions pouvaient et devaient suivre ; c'étaient sans doute les commentaires renfermés dans le *hiéros logos* où suivant Hérodote on expliquait le symbolisme des Mystères[1] — Galien, de son côté, parle de livres réservés aux seuls initiés[2].

D'autres Mystères encore que ceux d'Éleusis consistaient également en cérémonies purificatoires, exhibitions symboliques, tableaux variés ; cependant nous savons qu'on les faisait servir à un enseignement philosophique et moral. Il y avait même quelquefois, à côté d'une interprétation naturiste des symboles et des rites, une seconde interprétation philosophique, plus subtile ou plus profonde, réservée aux degrés supérieurs. Tel paraît avoir été le cas des Mystères mithriaques[3].

Les représentations hiératiques des Grands Mystères et de l'Époptie n'étaient pas de simples pantomimes. Les textes réunis par M. Foucart démontrent surabondamment que l'hiérophante accompagnait de commentaires les diverses parties du spectacle[4]. Ces instructions constituaient même les secrets par excellence, τὰ ἀπόρρητα ; le rhéteur Aristide en atteste suffisamment l'importance, quand il écrit à propos

1) Hérodote, liv. II, 48, 62, 81.

2) « Quelques-uns ont osé lire les livres des mystères, sans être initiés à ceux-ci. » *De simpl. medic.*, VII, ch. 1, cité par Maury, *Rel. de la Grèce*, t. II, p. 137.

3) Cumont, *Mystères de Mithra*, t. I, page 73. — Porphyre rapporte que les rites de l'initiation aux différents grades des mystères mithriaques étaient des allusions symboliques aux signes du zodiaque ; mais il ajoute qu'en réalité ils se rapportaient aux destinées posthumes de l'âme (*De Abstinentia*, IV, 16).

4) Foucart, *Recherches*, 1er mém., p. 59 et suiv.

d'Éleusis : « Y a-t-il un endroit où ce qu'on voit rivalise mieux avec ce qu'on entend » [1]? — A la vérité, M. Foucart estime qu'elles ne comprenaient que des transmissions de formules magiques; tout au plus quelques explications concernant l'itinéraire à suivre dans l'autre monde pour atteindre le séjour des élus. — Mais il y avait, en outre, les chœurs dont l'organisation revenait à l'hiérophante et au dadouque [2]. Les auteurs parlent de chants harmonieux qui accompagnaient les apparitions radieuses [3]. Suivant Eusèbe, on exposait les aventures des êtres surhumains, « d'après les traditions antiques et les doctrines secrètes, au moyen des hymnes et des chants qui concernaient les dieux » [4]. — De cette façon encore, le sacerdoce éleusinien se trouvait en mesure de communiquer aux initiés des enseignements d'autant plus efficaces qu'ils faisaient en quelque sorte partie du rituel consacré.

Il n'est pas difficile d'établir que ces chants liturgiques étaient empruntés au répertoire des hymnes orphiques. Pendant toute la domination romaine, les mystères de Dionysos firent partie de la liturgie d'Éleusis. Cicéron, dans son traité *De natura Deorum,* rapporte que les Mystères étaient consacrés conjointement à Liber (Bacchus), à Cérès et à Libera (Proserpine) [5]. Trois siècles plus tard une inscription latine déclare encore en termes formels qu'à Éleusis on était consacré simultanément à Bacchus, à Cérès et à Corè [6]. — Un passage de Pausanias montre que les livres orphiques étaient devenus la littérature des mystères. S'excusant de ne point expliquer pourquoi les initiés ne pouvaient manger de fèves, il

---

1) Aristide, *Eleusin.*, p. 256.

2) Philostrate, *Vitæ Sophist.*, II, 20, éd. Didot, p. 252.

3) Plutarque, *Ex opere de anima*, II, 6; Justin Martyr, *Cohort. ad gentes*, 38 ; Themistius, *Orat.* XX.

4) Eusèbe, *Præparat. evang.*, lib. III, Proœm., 1.

5) *De nat. deor.*, lib. II, 24.

6) *Sacrata apud Eleusinam deo Baccho, Cereri et Corae,* C. I. L., t. VI, nº 1780.

ajoute : « Ceux qui ont vu les initiations d'Éleusis ou qui ont lu les livres orphiques savent ce que je veux dire[1] ». — Il est à remarquer que ces écrits avaient assumé en conséquence un caractère esotérique. Un fragment d'hymne, reproduit par Eusèbe, enjoint de fermer la porte aux profanes[2], et Firmicus Maternus rapporte qu'on imposait aux initiés dans la doctrine d'Orphée le serment de n'en rien divulguer « par crainte de révéler les secrets de la religion aux oreilles profanes[3] ». Au témoignage de Suidas, il existait des commentaires dionysiaques (βακχικὰ ἐπιγράμματα) relatifs aux mystères de Déméter; on les attribuait à une pythagoricienne de Samos, Arignotée[4].

Il est même possible que les enseignements des Mystères aient compris, à côté de leurs doctrines théosophiques, un enseignement moral plus direct. Saint Jérôme rapporte qu'à l'époque du philosophe Xénocrate, on voyait encore, dans le temple d'Éleusis, trois des lois attribuées à Triptolème : « honorer ses parents; vénérer les dieux par des offrandes de fruits; ne pas détruire les êtres vivants »[5]. Ce dernier précepte nous reporte directement à la vie orphique.

Platon parle d'un discours tenu « dans les Mystères » (ἐν ἀπορρήτοις) où l'on enseignait que l'homme occupait un poste qu'il ne lui était pas permis de déserter[6]. Olympiodore, dans son Commentaire sur le *Phédon*, dit que les initiés s'avancent par plusieurs grades vers la morale (ἠθικαί) et la vertu (πολιτικαὶ ἀρεταί)[7]. Enfin Sénèque, établissant un parallèle entre les Mystères et la philosophie, laisse entendre que ces deux institutions comportaient un double enseignement; l'un

1) Pausanias, I, 37, 4.

2) Eusèbe, *Præparat. evang.*, lib. XIII, ch. 12.

3) Firmicus Maternus, *Mathesis VII*, Bâle 1532, p. 193.

4) Suidas, *Lexicon*, au mot Ἀριγνώτη.

5) Γονεῖς τιμᾶν, θεοὺς καρποῖς ἀγάλλειν, ζῶα μὴ σίνεσθαι. Saint Jérôme, *Adv. Jovinian.*, lib. II, ch. ix (Anvers, 1529, p. 169).

6) *Phédon*, VI.

7) *Commentaire du Phédon*, cité par de Sacy (dans l'ouvrage de Sainte-Croix, *Recherches sur les Mystères du Paganisme*, Paris, 1817, t. I, p. 422).

formé de secrets qui étaient réservés aux initiés, l'autre de préceptes qui avaient également cours parmi les profanes[1].

D'ailleurs, il suffit presque du bon sens pour trancher la question. Peut-on sérieusement admettre qu'un Platon, un Cicéron, un Plutarque auraient vanté l'action moralisatrice des Mystères, s'ils n'y avaient trouvé qu'une conception de la vie future en contradiction avec leur propre idéal? Est-ce que quatre siècles avant notre ère, l'orateur athénien Andocide, plaidant sa propre cause devant un tribunal d'initiés, aurait pu dire à ses juges: « Vous avez contemplé les *hiéra* des deux déesses, afin que vous punissiez ceux qui commettent l'impiété et sauviez ceux qui se défendent de l'injustice[2] », Pour que les néophytes revinssent de leur initiation, suivant l'expression de Diodore: « plus pieux, plus justes et meilleurs en toutes choses, » il fallait bien qu'il s'en dégageât des enseignements conformes aux meilleures aspirations de l'époque ; qu'il y eût dans ces cérémonies autre chose que des symboles vides et des rites magiques.

### Morale *versus* magie.

Ce n'est pas que les Mystères se soient jamais transformés en une simple école de morale ou de philosophie, une succursale de l'Académie ou du Portique. L'Orphisme ne cessa jamais de présenter les purifications matérielles comme un élément essentiel de l'absolution et d'attacher une valeur sacramentelle aux actes symboliques de l'initiation. Platon dénonce les Orphéotélestes, ces devins ambulants qui, en invoquant des livres attribués à Orphée et à Musée « enfants

---

1) Sénèque, *Epist.*, XCV, « Sicut sanctiora sacrorum tantum initiati sciunt, ita in philosophia arcana illa admissis receptisque in sacra ostenduntur ; at præcepta et alia ejusmodi profanis quoque nota sunt. »
2) Andocide, *De Mysteriis*, 31 ; éd. Didot, p. 53.

de Sélenè et des Muses», s'en allaient de porte en porte offrir, moyennant une honnête commission, de racheter les péchés de toute la famille et même ceux des ancêtres [1]. Ce matérialisme religieux prit une importance croissante dans les derniers temps du paganisme, à l'époque des crioboles et des tauroboles qui pénétrèrent jusque dans l'enceinte d'Éleusis. Mais faut-il juger une institution exclusivement par ses trafiquants de reliques et ses marchands d'indulgences? Les écrits que nous ont laissés les Orphiques, leur conception même de la vie bacchique attestent qu'ils entendaient surtout la purification au sens moral, et c'est avec cette acception que leur doctrine prédomina dans les Mystères, alors même que les pratiques de la règle orphique, telles que l'usage exclusif de nourriture végétale et de vêtements blancs, y tombèrent en désuétude ou restèrent l'apanage de quelques philosophes [2].

On se demandera peut-être comment on peut faire dépendre le salut dans la vie future de deux facteurs aussi dissemblables que l'accomplissement matériel des rites et l'observation des règles morales. C'est encore la religion égyptienne qui nous fournira la solution. Les Égyptiens avaient admis la nécessité des formules inscrites dans le *Livre des Morts* pour aider le double à gagner les champs d'Ialou. Ils n'écartèrent jamais cette conception. Mais ils y superposèrent la notion d'un tribunal qui jugeait les défunts d'après leurs mérites et leurs démérites. Le *double* des coupables était détenu dans les Enfers; celui des justes était admis à lutter contre les périls et les embûches du monde souterrain, qu'il obtenait de déjouer à l'aide des puissantes incantations dont il était muni par la sollicitude des survivants.

Non que je croie davantage, ici, à l'influence directe de la

1) Platon, *De Repub.*, II, éd. Didot, p. 27.

2) Au troisième siècle de notre ère, il eût été difficile de distinguer la Vie orphique de la « vie pythagoricienne », telle que la pratiquaient les néo-pythagoriciens de l'époque. Cf. Philostrate, *Vita Apollon.* (éd. Teubner, Lipsiæ, 1870), I, 2, 7, 8, 13, 32, etc.

religion égyptienne. Mais les procédés généraux de l'évolution religieuse ont une portée universelle. Partout, en religion
on superpose plus qu'on ne remplace. D'ailleurs où est le
culte historique qui, à côté de la moralité, n'ait pas placé
des obligations rituelles parmi les conditions *sina quà non*
de l'admission au paradis[1]?

Il est à remarquer qu'une antinomie analogue se révèle
jusque dans les œuvres de Platon. Tantôt il laisse entendre
que seuls les initiés jouiront de la société des dieux[2]. Tantôt,
au contraire, comme nous l'avons vu plus haut, il réserve
aux justes de s'asseoir, après la mort, au banquet divin.


### Le mouvement philosophique à Éleusis.


Ce qui est certain, c'est que, du jour où l'orphisme s'implanta dans les Mystères, leur développement devint un com-
promis entre ces deux éléments en apparence contradictoires : l'élément moral dont l'importance devait grandir avec
la décadence des mœurs, et l'élément magique auquel l'invasion des superstitions orientales vint donner une impulsion
nouvelle. Cependant il ne faut pas perdre de vue que, chez
les Anciens, la morale ne fut jamais séparée de la religion
ni de la philosophie. La thèse de Creuzer, qui faisait sortir
des Mystères tout le mouvement philosophique de la Grèce,
est simplement une erreur de perspective. L'immutabilité des
rites n'empêcha jamais le changement des interprétations;
celles-ci se conformaient aux idées des écoles dominantes

---

1) Le même phénomène s'observe également dans le bouddhisme qui, lui
aussi, place le salut dans une vie de pureté et de renoncement analogue à la
Vie orphique, mais qui cependant, surtout chez les bouddhistes du Nord, sub-
ordonne l'obtention du nirvana à l'accomplissement de pratiques magiques
héritées de l'hindouisme (cf. Louis de la Vallée Poussin, *Bouddhisme. Études
et matériaux* dans le t. LV des Mém. couronn. de l'*Acad. Roy. de Belgique*,
pp. 87 et ss.).

2) *Phédon*, XIII et XXIX.

suivant les diverses époques. Ainsi le voulait la logique de la situation, comme l'a fait judicieusement observer M. Jean Réville : « Les Mystères étaient destinés à révéler la sagesse profonde des vieilles légendes ; les hiérophantes devaient donc y retrouver ce qui était considéré de leur temps comme la sagesse suprême par la philosophie la mieux accréditée[1] ».

Au pythagorisme qui, plus ou moins modifié par les doctrines de l'Académie, dut s'introduire à Éleusis avec les Orphiques, succéda le stoïcisme, dans le siècle qui précéda la conquête romaine. Autrement on ne s'expliquerait guère que Chrysippe eût attribué aux Mystères le mérite de fournir des notions exactes sur la divinité[2]. C'est également la doctrine stoïcienne dont Cicéron semble constater la présence lorsque, faisant allusion aux cérémonies sacrées d'Éleusis aussi bien que de Samothrace, il fait dire à Cotta : « Les explications qu'elles comportent, ramenées à la raison, révèlent la nature des choses, plus que celle des dieux[3] ».

Sénèque, lorsqu'il fait allusion aux Mystères, nous laisse la même impression, et l'écho s'en retrouvera encore dans les appréciations d'Eusèbe : « La science antique de la nature, chez les Grecs comme chez les Barbares, consiste en opinions sur les choses naturelles, cachées sous le voile des mythes... C'est ce dont on s'assure par les vers orphiques, par les traditions de l'Égypte et de la Phrygie ; mais ce sont surtout les rites orgiaques des Mystères et les actes symboliques des cérémonies sacrées qui mettent en lumière les idées des Anciens[4] ».

1) *La Religion à Rome sous les Sévères*, Paris, 1886, p. 178.

2) *Etymolog. magnum*, au mot Τελετή.

3) « Quibus explicatis, ad rationemque revertis, rerum magis natura cognoscitur quam deorum » (*De nat. deor.*, I, 42). Dans un autre traité (*Tusculan.*, I, 13) Cicéron semble admettre que la doctrine des mystères se rapprochait de l'evhémérisme. En réalité, seul des principaux systèmes de l'antiquité classique, l'épicurisme paraît avoir été incompatible avec la tradition orphique. Dans l'imitation des Mystères instituée par Alexandre le Paphlagonien, celui-ci commence par proclamer l'exclusion des athées, des épicuriens et des chrétiens (Lucien, *Alexand.*, 38).

4) Eusèbe, *Præpar. evang.*, lib. III *Proœmium*, 1.

Néanmoins la principale révélation devait porter sur les rémunérations posthumes. J'ai déjà relevé, à cet égard, le témoignage de Platon. Celse déclare que les Mystères enseignaient la doctrine des rémunérations futures par des exemples tirés de la destinée des démons (c'est-à-dire des âmes et des génies) et Origène, qui rapporte cette opinion, s'abstient d'y contredire[1]. De son côté, Plutarque, adressant des consolations à sa femme après la mort de leur fille, lui écrit : « Tu entendras d'autres soutenir qu'après la dissolution des corps, il n'y a plus ni mal, ni affliction. C'est une doctrine dont je te sais préservée tant par les principes hérités de tes pères, que par les symboles sacrés en usage dans les Mystères de Dionysos, que nous connaissons pour nous les être communiqués l'un à l'autre »[2].

A en croire saint Augustin, Varron interprétait exclusivement les Mystères d'Éleusis comme s'appliquant aux destinées du blé ; tout au moins soutenait-il que beaucoup de détails ne s'y rapportaient qu'aux découvertes de l'agriculture[3]. C'est bien là l'interprétation rationaliste des mythes qui faisait partie de la doctrine stoïcienne. Néanmoins cette constatation de Varron est une présomption nouvelle qu'il existait à Éleusis un enseignement philosophique plus profond, comme, au reste, dans les spéculations de l'orphisme. Autrement les Mystères n'auraient plus d'autre but et d'autre résultat que de démontrer leur propre inanité.

Les stoïciens, tout en regardant les dieux comme autant de manifestations divines correspondant aux divers aspects de la Nature, s'appliquèrent à asseoir la morale sur les nécessités de la logique plutôt que sur la perspective des sanctions posthumes. L'école alexandrine, qui leur succéda à Éleusis, insista davantage sur le côté eschatologique des Mystères ;

---

1) Origène, *In Cels.*, lib. VIII, ch. 48.

2) Plutarque, *Consol. ad uxor.*, X.

3) « Varro de Eleusiniis nihil interpretatur nisi quod attinet ad frumentum... Dicit deinde multa in mysteriis tradi quæ non nisi ad frugum inventionem pertineant ». *De Civit. Dei*, II, 20.

il est hors de doute que, là comme ailleurs, les néo-platoniciens aussi bien que les néo-pythagoriciens s'efforcèrent de concilier l'observation et même la restauration des rites traditionnels avec les points de vue les plus élevés atteints par la philosophie et la morale de leur époque. A cet effet ils n'avaient qu'à marcher dans les voies tracées par l'orphisme. En dehors même des œuvres orphiques de cette période, qui reflètent les idées et les tendances des Alexandrins, les écrits de Porphyre et de Proclus attestent suffisamment que le néo-platonisme était devenu la philosophie des Mystères. Maxime, Eunape, Julien, sans aucun doute Proclus, étaient des initiés d'Éleusis, et la charge d'hiérophante, au iii⁰ et au iv⁰ siècle de notre ère, fut occupée plus d'une fois par des philosophes néo-platoniciens[1]. Jamais peut-être l'accord ne fut plus étroit entre la religion et la philosophie. Mais ce fut le chant du cygne des Mystères comme du paganisme lui-même.

### Apogée et destruction d'Éleusis.

L'élargissement des horizons intellectuels et religieux amené par les conquêtes d'Alexandre avait favorisé dans tout le monde grec le développement d'un panthéisme syncrétique, qui tendait, d'une part, à identifier les principales divinités de tous les cultes alors connus, d'autre part à faire de ces divinités les agents, les formes ou les noms d'un Dieu unique, véritable âme du monde. Nous avons vu que l'orphisme dont Éleusis était devenue le quartier général, avait donné l'exemple de ce double procédé. Ainsi s'explique la faveur croissante dont jouirent les Mystères d'Éleusis partout où s'implanta la culture hellénique. Déjà au lendemain de la mort d'Alexandre, quand Ptolémée Sotêr, monté sur le trône

1) Eunape, *Vita Maxim.*, éd. Didot, p. 476, Philostrate, *Vitæ Sophist.*, II, 20, p. 752.

des Pharaons, voulut rapprocher les religions de l'Égypte et de la Grèce, ce fut un Eumolpide, nommé Timothée, qu'il fit venir d'Éleusis à Alexandrie pour y remplir les fonctions d'exégète[1].

Sous la domination romaine, cette vogue ne fit que s'accentuer. Rome accepta les Mystères d'Éleusis comme les autres institutions religieuses de la Grèce et Cicéron nous apprend de quelle estime ils jouissaient parmi les esprits les plus cultivés de la République. L'Empire parut d'abord vouloir s'en tenir à la vieille religion romaine; mais cette réaction particulariste céda bientôt devant l'invasion des croyances orientales. Au deuxième siècle de notre ère, toutes les religions officiellement professées dans le bassin de la Méditerranée avaient adopté une théologie panthéiste sensiblement coulée dans le moule de la métaphysique alexandrine, et, pour justifier le maintien de leurs rites particuliers, elles s'évertuaient à les interpréter dans le sens de cette théodicée à l'aide d'initiations plus ou moins modelées sur celles d'Éleusis.

Si on recherche les tendances qui prévalaient dans la dernière phase du paganisme antique, on y constate, — à côté de la croyance à un Dieu abstrait qui échappe de plus en plus à toute perception — la recherche d'êtres intermédiaires qui puissent résoudre le problème de la création et répondre aux exigences pratiques du sentiment religieux; le désir de maintenir les vieux cultes, en les ramenant par le symbolisme à des données communes; un besoin intense d'édification, de purification, de rédemption, en même temps qu'une foi naïve dans l'efficacité des formules et des rites. Or ce sont là précisément les aspirations auxquelles les Mystères assuraient une satisfaction immédiate.

Les esprits inquiets passaient constamment d'une initiation à une autre. Apulée raconte qu'il se fit initier à la plupart des

---

1) Plutarque, *De Isid. et Osirid.*, XXVIII. — Dans Tacite, ce Timothée est qualifié d'*antistites cæremoniarum* (*Hist.*, IV, 83).

Mystères de la Grèce, ajoutant lui-même que ce n'était là rien d'anormal [1]. Macrobe nous présente, dans ses *Saturnales*, une dame romaine qui s'est fait initier aux mystères de Déméter et de Corè, de Dionysos, d'Hécate, d'Isis ; son mari, Prætextatus, était *pater patrum* dans les Mystères de Mithra, pontife de Vesta et hiérophante d'Isis. Les centres d'initiation s'étaient considérablement multipliés. Toutefois Éleusis restait au premier rang. Seuls les Mystères de Mithra semblent avoir disputé aux Mystères des Bonnes Déesses, sur lesquels s'étaient greffés ceux, de Dionysos, la direction spirituelle de la société païenne. Cependant, malgré la faveur dont le culte du soleil jouit près des derniers empereurs païens, le mithriacisme ne fut jamais au même degré que l'éleusisme une institution complètement adoptée par la culture hellénique [2]. Mithra resta toujours un dieu barbare, tandis que les Mystères d'Éleusis ne cessèrent pas d'incarner pour les esprits éclairés ce que la tradition classique avait produit de plus élevé et de plus auguste. « Autant les dieux l'emportent sur les héros, répète Pausanias, autant les Éleusinies l'emportent sur les autres institutions qui se rapportent à la vénération des divinités [3] ».

Quand Julien éprouvera quelque difficulté à comprendre une doctrine philosophique, c'est à l'hiérophante d'Éleusis qu'il aura recours [4]. Telle était encore la popularité, ou, si l'on veut, la respectabilité des Mystères qu'ils continuèrent à être célébrés ouvertement, avec la pompe des anciens

---

1) « Sacrorum pleraque initia in Græcia participavi ; nihil insolitum, nihil incognitum dico. » Apulée, *Apolog.*, éd. Didot, p. 235.

2) Lucien place Mithra à côté de Sabazios et d'Attis parmi les divinités barbares dont les dieux grecs déplorent l'envahissement dans l'Olympe (*Deorum concil.*, ch. IX). — Origène, reprochant à Celse d'avoir été chercher dans les Mystères de Mithra des arguments contre le christianisme ajoute : « Ce n'est pas, je pense, que les Mystères de Mithra soient plus estimés parmi les Grecs que ceux d'Éleusis ou ceux qu'on célèbre dans Égine en l'honneur d'Hécate (*Contra Cels.*, lib. VI, 647 (éd. Migne).

3) Pausanias, X, 31, 11.

4) Eunape, *Vita Maxim.*, éd. Didot, p. 475.

jours, pendant le demi siècle qui suivit la mort de Constantin, même après que Gratien et Théodose eurent prononcé la confiscation des biens des temples et interdit les cérémonies du culte païen, alors qu'à Rome les sanctuaires de Mithra étaient saccagés et fermés.

Cependant l'issue ne pouvait être douteuse. Les apologistes du christianisme avaient bien saisi le côté faible de leur adversaire, lorsqu'ils en revenaient sans cesse à l'argument ainsi formulé par Grégoire de Naziance : « Ce n'est pas dans notre religion qu'une Corè est enlevée, qu'une Déméter vagabonde, que des Céléos et des Triptolème sont représentés avec des serpents etc. » [1]. Au point de vue philosophique et moral, les Mystères inculquaient des doctrines peut-être aussi élevées que celles du christianisme; ils ne firent ainsi que précipiter leur défaite. M. Jean Réville a touché juste, quand il a montré que la suprême floraison de la société antique avait fait surgir un nouvel idéal : « l'héroïsme de la sainteté, la régénération, le salut par la pureté du cœur, commençant dès ici-bas pour se perpétuer dans un monde supérieur; la fraternité universelle, par dessus les distinctions de rang social ou de nationalité; la sollicitude pour les petits ou les opprimés; l'aspiration au progrès et au perfectionnement spirituel; la soif de communion vivante avec les dieux; le culte des grandes incarnations du divin dans l'histoire ». Mais il n'a pas moins raison, quand il démontre qu'ainsi les réformateurs syncrétistes travaillaient pour l'Évangile [2]. — Du jour où, à Alexandrie, une fraction des néo-platoniciens passa avec armes et bagages dans le camp de l'Église naissante, la chute du paganisme ne fut plus qu'une question d'années.

Éleusis ne vit point ses Mystères abolis par un décret impérial ou profanés par ses anciens fidèles. Sa fin fut plus tragique. Sous Gallien, un hiérophante d'Éleusis avait détourné une invasion des Goths qui menaçait la ville sainte [3]. En 396,

1) Grégoire de Nazianze, *Orat.*, XXXIX, 4.
2) Jean Réville, *La Religion sous les Sévères*, pp. 298 et ss.
3) *Corp. Insc. Græc.*, n° 401.

les Goths reparurent en Attique, conduits par Alaric, et les moines qui avaient acquis assez d'influence sur l'envahisseur pour lui faire épargner Athènes, durent lui persuader aisément de se dédommager sur le sanctuaire des Bonnes Déesses qui fut livré au pillage et à l'incendie[1]. On a exhumé de nos jours, sous les débris calcinés des Propylées, le cadavre d'un Goth reconnaissable à son armure, lequel avait péri dans l'écroulement de l'édifice[2], — barbare enseveli dans les ruines d'un monde. — Une fois déjà, après la bataille de Platée, Éleusis avait été saccagée et brûlée par les Perses. Les Athéniens n'avaient pas tardé à reconstruire le sanctuaire plus vaste et plus beau. Après le passage d'Alaric, personne ne songea plus à le relever de ses ruines. Mais ses rites ne devaient pas périr tout entiers.

1) Eunape, *Vit. Maxim.*, éd. Didot, p. 476.
2) F. Lenormant, *Revue de l'Architecture*. Paris, 1868, p. 14.

# CHAPITRE V



## De la transmissibilité des Rites.

Tous les Mystères de l'antiquité classique avaient originairement pour objet de mettre l'initié en rapport avec certaines divinités, en vue de lui procurer des avantages dont ces divinités étaient réputées les dispensatrices.

Quand les progrès du syncrétisme eurent fait admettre l'équivalence des dieux et la transmutabilité de leurs attributs, il n'y eut plus de motif pour que les rites susceptibles d'agir sur quelques êtres surhumains, ne fussent estimés propres à exercer sur tous une action analogue. Les rites des Mystères n'avaient d'ailleurs jamais cessé de posséder une valeur intrinsèque, comme tous les rites d'origine magique. Une fois brisé leur lien spécial avec tel ou tel culte particulier, ils devenaient plus ou moins utilisables dans toutes les occasions où l'on avait à solliciter l'intervention d'une puissance surhumaine. Aussi les derniers temps du paganisme révèlent-ils un rapprochement et même une pénétration réciproque des principaux Mystères, tant sous le rapport des rites que des doctrines.

Dans le récit à demi voilé de son initiation aux Mystères d'Isis, Apulée recourt à des images qui rappellent la mise en scène d'Éleusis : « Je me suis avancé jusqu'aux confins de la mort et, ayant foulé le seuil de Proserpine, j'en suis revenu en passant à travers les éléments. A minuit, j'ai vu le soleil brillant de toute sa splendeur. Je me suis approché des dieux de l'enfer et des dieux du ciel, etc. [1] » — Un caveau des catacombes romaines a depuis longtemps attiré l'attention des archéologues par des peintures et des inscriptions qui témoignent d'un véritable mélange entre les Mystères de Corè, de Sabazios et peut-être de Mithra : une défunte, Vibia, est conduite par Hermès dans la région infernale ; elle y est mise en présence de Dis Pater et d'Abra Cura, c'est-à-dire de Hadès et de Perséphonè ; enfin, après un jugement favorable, elle est introduite par son bon génie au banquet des justes [2].

J'ai montré précédemment comment, à Éleusis même, les Mystères de Dionysos s'étaient intimement mélangés, dès l'époque de Cicéron, avec ceux des Grandes Déesses. Les descriptions fragmentaires que les écrivains chrétiens du IVᵉ siècle consacrent aux initiations païennes font souvent douter si leurs allusions se rapportent aux Mystères de Déméter et de Corè, de Dionysos, d'Attis, de Cybèle ou des Cabires. A Éleusis on a constaté de nos jours la présence d'une fosse paraissant avoir servi aux tauroboles qui caractérisent les Mystères de Cybèle [3]. Il n'y a donc pas lieu de s'étonner si, dans la seconde moitié du IVᵉ siècle ap. J.-C., comme la famille des Eumolpides s'était éteinte, on alla chercher à l'étranger un grand prêtre de Mithra, pour en faire l'hiérophante d'Éleusis [4].

Ces emprunts se sont-ils étendus aux communautés chrétiennes qui, dans le déclin de la société antique, s'organisaient sur le sol gréco-romain ? Pendant longtemps on a exclusivement cherché en Judée, non seulement les origines premières de la théologie chrétienne, mais encore les antécédents de son organisation et de son culte. Les progrès de la critique historique ont fait comprendre l'impossibilité d'ex-

---

1) Apulée, *Metamorph.*, l. XI, 23.

2) Garrucci, *Les mystères du syncrétisme phrygien* dans le t. IV des *Mélanges d'archéologie* de Cahier et Martin, pp. 1 et ss.

3) F. Lenormant, *Revue de l'architecture*, Paris, 1868, p. 59.

4) Eunape, *Vit. Maxim.*, éd. Didot, p. 476.

pliquer le développement des institutions chrétiennes dans
le monde gréco-latin, si on persiste à faire abstraction de
l'influence exercée par les philosophies et les cultes du paganisme. Il est superflu de rappeler l'œuvre célèbre où Ernest Renan a esquissé, avec autant de sagacité exégétique
que de mérite littéraire, la part des deux courants ethniques
qui ont définitivement constitué l'Église. Après les travaux
de l'école de Baur, nous avons eu les œuvres de ces deux
maîtres de l'exégèse chrétienne contemporaine : Adolphe
Harnack et Edwin Hatch, — le premier qui a montré, pour
employer ses propres termes, comment « le christianisme
dogmatique, les dogmes dans leur conception et leur struc-
ture, sont l'œuvre de l'esprit grec sur le terrain de l'Évangile » [1] ; — le second qui a étendu cette démonstration à l'organisation ainsi qu'aux rites des communautés chrétiennes
en terre hellénique [2]. — Les rapports entre la liturgie chrétienne et les cultes païens ont fait, en outre, dans ces dernières années, l'objet de plusieurs monographies importantes, parmi lesquelles il convient de citer en premier ordre
celles de MM. Anrich et Wobbermin [3]. Ces travaux me permet-
tront de passer plus rapidement sur certains développements
de la question. La méthode à suivre a été nettement posée
par Edwin Hatch : 1° Établir ce qu'était le culte chrétien
avant et après son entrée en contact avec l'hellénisme ; 2° Rechercher si parmi les éléments nouveaux qui apparaissent à
la suite de ce contact, il en est qui se retrouvent également
dans les Mystères ; 3° Examiner si ces éléments ne peuvent
provenir d'une autre source.

---

1) Harnack, *Précis de l'histoire des Dogmes*, trad. Choisy, Paris, 1893, p. x.
2) E. Hatch, *Influence of Greek Ideas and Usages upon the Christian Church.*
Hibbert Lectures, Londres, 1890.
3) G. Anrich, *Das Antike Mysterienwesen in seinem Einfluss auf das Chris-
tentum* (Göttingen, 1894). — G. Wobbermin, *Frage der Beeinflussung des
Urchristentums durch das Antike Mysterienwesen* (Berlin, 1896).

### Les Mystères et le Gnosticisme.

Ainsi qu'il arrive fréquemment dans les périodes de transition, le christianisme des premiers siècles vit fleurir des sectes qui prétendaient relier le nouveau culte à ses prédécesseurs. C'est surtout dans les milieux gréco-syriens et alexandrins que se produisirent ces tentatives. L'empereur Hadrien écrivait d'Alexandrie, en raillant la versatilité religieuse de ses sujets égyptiens : « Ici l'on voit des chrétiens qui adorent Sérapis et des adorateurs de Sérapis qui se disent évêques du Christ[1] ». Il s'agissait vraisemblablement de chrétiens gnostiques ou semi-païens, comme les sectes contre lesquelles polémisent à la fois Origène et Plotin, les apologistes de l'Église et les docteurs du néo-platonisme[2]. Des critiques contemporains soutiennent que les gnostiques du second siècle étaient des continuateurs de l'orphisme[3]. La thèse acquiert une autorité nouvelle, si l'on admet, comme je l'ai soutenu précédemment, que l'orphisme fut une méthode plus encore qu'une doctrine. Le gnosticisme, en effet, révèle une tendance toute orphique à fusionner, sous l'égide de la foi à un dieu rédempteur, les principaux systèmes de théologie qui s'étaient développés dans les anciens polythéismes, au contact de la spéculation néo-platonicienne. Les gnostiques se rattachaient au néo-platonisme, en tant qu'après avoir statué à la fois la réalité et l'incompréhensibilité du premier principe, ils faisaient émaner de cette source mystérieuse une série parallèle de mondes se terminant au monde sensible, et en tant qu'ils expliquaient cette chute graduée de

---

1) Fl. Vopiscus, *Vita Saturnini*, 8.

2) Cf. ce que l'auteur des *Philosophoumena* dit des Naaséniens (V, I, éd. Cruice, Paris, 1860, p. 176 et suiv.). Voir aussi Irénée, *Contra haereses*, I, 23, à propos de Simon le Magicien (éd. Migne, 671 et ss.).

3) M. Wobbermin appelle le gnosticisme un orphisme chrétien.

la force créatrice dans la matière par une faute ou une défaillance des puissances intermédiaires. Ils relevaient du christianisme, en tant qu'ils attribuaient à l'étincelle divine emprisonnée dans l'homme le pouvoir de remonter vers le plérôme ou monde supérieur, grâce à l'intervention d'un éon charitable, Christos, descendu dans la personne de Jésus pour divulguer aux hommes la gnôse libératrice.

La plupart des sectes gnostiques partageaient l'humanité en trois fractions : les *hyliques* ou matériels, les *psychiques* ou initiés du degré inférieur et les *pneumatiques*, qui seuls obtenaient la plénitude de la révélation. Quelques-unes, comme les Carpocratiens, estimaient la possession de la gnôse suffisante pour assurer le salut et même, s'il faut en croire leurs adversaires, pour délier de toutes les lois religieuses et morales. Mais aux yeux des autres, et c'étaient les sectes les plus nombreuses, il fallait y joindre certaines cérémonies théurgiques, comme le baptême qui constituait l'initiation proprement dite et la cène qui réalisait l'union avec les puissances supérieures. Avant de recevoir le baptême, on devait prêter le serment de ne rien révéler des mystères qui allaient être communiqués[1]. Quelques écoles multipliaient les degrés d'initiation [2]. La cérémonie initiale comprenait, suivant les sectes, en outre du baptême, l'imposition des mains; la marque par un sceau (σφραγίς) ; l'onction, dont les gnostiques introduisirent peut-être la pratique dans le christianisme; la récitation de formules à double sens, comme dans les Mystères païens; enfin la communication d'objets sacrés et l'interprétation d'images symboliques, telles que le diagramme des Ophites décrit par Origène[3].

1) *Philosophoumena*, lib. I, *proœm.*

2) M. Amélineau, interprétant d'une façon très ingénieuse un texte d'Épiphane, croit retrouver chez les Valentiniens les traces de sept grades successifs : Borborien, Coddien, Soldat, Pauvre, Zachéen et Fils du Seigneur (*Essai sur le gnosticisme égyptien*, Paris, 1887, p. 240 et ss.).

3) Origène, *Contra Celsum*, liv. VI, 649 (Migne). — Ce tableau a été reconstitué par Matter d'après les données d'Origène (*Histoire critique du gnosticisme*, Paris, 1843, ch. xvii).

Deux manuscrits coptes de source valentinienne, retrouvés en Orient à une époque relativement récente, la *Pistis Sophia* et le papyrus d'Oxford intitulé le *Livre du grand Logos selon le Mystère*, exposent en détail quatre scènes d'initiation successives : le baptême d'eau « qui introduit dans le lieu de Vérité et dans le lieu de Lumière »; le baptême de feu « qui range parmi les héritiers du royaume de lumière » ; le baptême de l'Esprit ; enfin « le Mystère qui oblige tous les Archontes à enlever leurs iniquités de dessus les disciples et qui rend ceux-ci immortels [1] ».

L'idée que les sacrements et particulièrement le baptême ont une vertu par eux-mêmes et transforment moralement le fidèle, semble avoir fait son apparition chez les gnostiques avant même de s'introduire dans les communautés orthodoxes [2]. Déjà Simon le Magicien, qui passe pour le fondateur du gnosticisme, et son successeur Ménandre, enseignaient que le baptême assurait l'immortalité [3]. D'autres se bornent à affirmer qu'il lave de tous les péchés antérieurs ; ce serait plutôt la cène qui assure la vie éternelle.

Le but du gnosticisme est essentiellement eschatologique ; il s'agit de procurer à l'âme individuelle le retour vers le plérôme ou tout au moins l'accès de l'ogdoade, laquelle constitue le monde intermédiaire. D'après les *Extraits de Théodote*, qui reproduisent la tradition valentinienne d'Orient, les pneumatiques iront dans l'ogdoade prendre part à un banquet éternel, qui rappelle le Banquet des Justes de Platon. Bien plus, « les pneumatiques, ayant dépouillé l'âme psychique, recevront les anges pour époux...; ils entreront dans la chambre nuptiale de l'ogdoade en présence de l'esprit; ils deviendront des éons intelligents; ils participeront à

1) Amélineau, *Gnosticisme égyptien*, p. 243 et suiv. — M. Amélineau a publié ultérieurement une traduction française de la *Pistis Sophia*, Paris, 1895.

2) Eugène de Faye, *Introd. à l'histoire du gnosticisme* dans la *Rev. de l'Hist. des Religions*, t. XLVI (1902), p. 396. — Cf. Edwin Hatch, *Influence of Greek Ideas and Usages upon the Christian Church*, p. 305 et suiv.

3) Irénée, *Contra haereses*, I, 23 (Migne, p. 673).

des noces spirituelles et éternelles[1]. » Le baptistère des Valentiniens s'appelait en conséquence Νυμφών, « la chambre nuptiale[2] ». Voilà un terme qui, tout spiritualisé qu'il puisse être, rappelle singulièrement le « lit nuptial », le παστός de l'époptie éleusinienne[3]. Aussi ne faut-il pas être trop étonné, si Tertullien, avec l'exagération de parti pris qui caractérise ses attaques, accuse les Valentiniens d'avoir copié les Mystères d'Éleusis et même « transformé les Éleusinies en prostitutions[4] ».

Un autre chef d'école gnostique, Bardesane allait jusqu'à promettre aux pneumatiques une union nuptiale avec Sophia, l'épouse céleste de Christos[5]. C'est bien l'idée mystique qui, chez les Grecs, faisait des initiés, après leur mort, les époux de Perséphonè[6].

On est d'accord pour ajouter plus de créance aux renseignements fournis sur les gnostiques par l'auteur des *Philosophoumena* qu'aux allégations des autres apologistes. Or cet ouvrage rapporte que les Séthianiens, une secte alliée aux Ophites, avaient emprunté leurs dogmes aux gnostiques et leurs rites aux Mystères de Phlya, où, comme nous l'avons vu précédemment, on pratiquait un rituel analogue à celui d'Éleusis[7]. En ce qui concerne les Ophites eux-mêmes, l'auteur des *Philosophoumena* montre qu'ils s'étaient approprié les principaux rites de l'époptie pratiqués à Éleusis, en les faisant servir à symboliser leurs propres théories sur la descente et le retour de l'âme. Ils allaient jusqu'à interpréter le nom même d'Éleusis, comme signifiant la Descente

---

1) *Excerpt. Theodot.*, n° 64 (dans Amélineau, *Gnosticisme égyptien*, p. 228).

2) Irénée, *Contra haeres.*, I, 21, 3 (Migne, 662).

3) Ce terme de νυμφών était également appliqué à un temple, près de Phlya, consacré à Dionysos, Démèter et Corè (Pausanias, II, 11, 3).

4) Tertullien, « Eleusinia Valentini fecerunt lenocinia » (*Advers. Valentian.* Paris, 1634, p. 289).

5) Matter, *Hist. critique du gnosticisme*, t. I, p. 378.

6) Voir les textes réunis par Fr. Lenormant dans sa *Monographie de la Voie sacrée éleusinienne*, Paris, 1864, t. I, p. 52.

7) *Philosophoumena*, l. V, 3, éd. Cruice, p. 219.

(d'ἐλεύσεσθαι, ἐλθεῖν, venir, transmigrer), par allusion au sort des pneumatiques précipités du monde supérieur[1].

D'autres auteurs nous apprennent que les Ophites entretenaient dans leurs temples des serpents apprivoisés ; ces reptiles sortaient de leurs cistes pendant la célébration de la cène pour venir s'enrouler autour des pains consacrés[2]. C'est une scène qui fait songer à certaines peintures de vases grecs, où l'on voit les serpents sacrés de Déméter ou de Dionysos soulever le couvercle de leur ciste pour se rapprocher des initiés. Quant au serpent mythique qui donna son nom à la secte, les Ophites y voyaient soit la forme réelle, soit tout au moins un symbole de leur Démiourge ; certaines images qu'ils en ont laissées sur leurs pierres cabalistiques rappellent singulièrement la description orphique de Phanès sous les traits d'un serpent ailé qui combinait les têtes du dragon, du taureau et du lion[3].

Cependant le gnosticisme ne fit pas d'emprunts symboliques qu'aux Mystères d'Éleusis. Ses spéculations sur la destinée des âmes qui, soit dans leur descente vers la terre, soit dans leur retour vers le plérôme, devaient traverser les sept sphères planétaires, en demandant le passage aux génies ou éons respectivement préposés aux planètes[4], se rapprochent trop de la cosmogonie chaldéo-persane enseignée dans les Mystères de Mithra, pour que ceux-ci n'aient pas influé sur le rituel de sectes qui prétendaient unir les révélations de Zoroastre à celles de Jésus et d'Orphée. Il y a également lieu de remarquer que le mouvement gnostique subit de plus en plus l'influence du manichéisme. Aussi est-ce plutôt à ce dernier courant qu'il convient de rattacher les hérésies du moyen âge tant en Occident qu'en Orient : Pauliciens, Euchites, Bogomiles, Cathares, Manichéens.

1) οἱ πνευματικοὶ ἄνωθεν ἀπὸ τοῦ Ἀδάμαντος ῥυέντες κάτω. *Philosophoumena*, V, 1 (Cruice, p. 171).

2) Epiphan. *Panarium; Adv. Ophit.*, lib. I, 5 (Migne, 272).

3) Proclus, *Commentaire du Timée*, II, 130.

4) Cf. dans la *Pistis Sophia*. E. de Faye, *Rev. de l'Hist. des Relig.*, t. XLVI (1902), p. 396.

Ces derniers avaient, eux aussi, leurs doctrines secrètes :
leur subdivision en trois degrés : Croyants, Élus et Parfaits ;
leurs initiations, notamment le *consolamentum* où on leur
communiquait le Saint-Esprit par l'imposition des mains.
Toutefois leur symbolisme, comme celui des sectes ultérieurement greffées sur la même souche, révèle, ainsi qu'il
fallait s'y attendre, des origines plutôt orientales qu'helléniques. C'est par un autre canal que certains rites d'Éleusis
se sont perpétués jusqu'à nous.

### Les Mystères et le christianisme.

Il existe heureusement des documents qui permettent de
reconstituer les principales étapes du développement liturgique dans l'Église entre l'âge apostolique et le triomphe du
christianisme au iv° siècle. — Aux indications fournies sur les
premières communautés chrétiennes par les Actes des Apôtres
et les Épîtres de Paul, nous pouvons ajouter, dans les com-
mencements du ii° siècle, la *Didachè*[1], tout au moins pour les
communautés gréco-syriennes, et un peu plus tard, l'*Apologie* de Justin Martyr ; au iii° siècle, les écrits des autres apologistes ; ceux de Clément d'Alexandrie et d'Origène, les
Constitutions apostoliques ; enfin, pour constituer notre point
d'arrivée, les liturgies officielles dont on croit pouvoir re-
porter la formation au iv° et au v° siècle, comme les Catéchèses de Cyrille de Jérusalem, la Liturgie de saint Jacques ;

1) Voir le texte et la traduction dans la thèse de M. Paul Sabatier, *La Didachè ou l'Enseignement des Douze Apôtres*, Paris, 1885. — M. Sabatier recule
considérablement l'âge de ce document ; il le fait remonter jusqu'aux temps apostoliques, voire au milieu du premier siècle. — Il est certain que le christianisme
de la Didachè n'a rien de dogmatique, ni d'ecclésiastique ; l'unique criterium est
la moralité ; la parousie y est présentée comme imminente. Cependant les épis-
copes y sont déjà mentionnés comme une institution régulière et non plus ex-
ceptionnellement, ainsi que dans les Épîtres de Paul. (*Philipp.*, i, 1.)

les Sacramentaires ambrosien, grégorien, léonien, etc. — Ce travail a été considérablement facilité par l'érudit et consciencieux ouvrage de Mgr Duchesne sur les origines du culte chrétien[1].

On a prétendu parfois que Jésus avait eu un double enseignement : l'un exotérique pour la masse des fidèles, l'autre ésotérique, pour les Apôtres qui auraient été chargés spécialement d'assurer la transmission secrète de la doctrine mystérieuse, en attendant le jour où celle-ci pourrait être impunément publiée. Cette thèse qui, déjà soutenue par Valentin et d'autres gnostiques, a encore trouvé, au xixe siècle, d'ingénieux défenseurs[2], est aujourd'hui complètement abandonnée. S'il est une vérité historique désormais évidente, c'est que le culte chrétien, à ses débuts, n'avait rien de caché. Il était accessible à tous ceux qui acceptaient le Christ pour Messie. Les seules conditions d'admission étaient purement morales. Cependant, voici qu'au iiie siècle, le christianisme est devenu un *mystère* au sens grec du mot, avec un rituel complexe qui implique une initiation sacramentelle, et ce caractère s'accentue surtout dans les communautés qui sont le plus en contact avec la culture alexandrine. D'où proviennent ces éléments nouveaux ?

### Emprunts chrétiens à la terminologie des Mystères.

Déjà saint Paul emploie les termes de μυστήριον et de τέλειος pour désigner respectivement la révélation divine et le parfait chrétien[3]. Les chrétiens néo-platonisants d'Alexandrie, et, en général, les écrivains ecclésiastiques du iiie au ve siècle, renchérissent fortement sur cette phraséologie, en appliquant au nouveau culte le vocabulaire éleusinien :

1) L. Duchesne, *Origines du culte chrétien*, 2e éd., Paris, 1898.
2) Notamment Émile Burnouf, dans sa *Science des Religions*. Paris, 1876, pp. 92 et suiv.
3) I *Corinth.*, ii, 6 et 7. — Voir aussi l'*Ep. aux Hébreux*, vi, 1.

« O mystères éternellement sacrés ! écrit Clément d'Alexandrie... je deviens saint par l'initiation. Le Seigneur est l'hiérophante ; il a marqué le myste de son sceau en l'illuminant [1] ; il remet entre les mains du Père celui qui a eu foi et qui est éternellement sous sa garde. Voici les transports de nos mystères, si tu veux. Fais-toi initier et tu danseras, dans le chœur des Anges, autour du Dieu incréé, impérissable, seul véritablement existant ; tandis que le Logos divin chantera avec nous les saints hymnes ».

L'évêque qui dirige la cérémonie assume le nom de mystagogue et le néophyte, une fois baptisé, celui d'initié, de téleios, de myste (τέλειος, μυηθείς, μυσταγωγούμενος), ou encore d'illuminé (φωτισθείς) et de scellé (ἐσφραγισμένος) [2]. Les profanes, les non-baptisés sont désignés par le même terme qu'au temps où se rédigeait l'hymne à Déméter, ἀμύητοι [3]. Le prêtre est un illuminateur (φωτιστικός). La cène devient un sacrifice (θυσία) [4] ; elle est donnée pour le Mystère par excellence. La Messe est une mystagogie (μυσταγωγία) [5] ; cette expression s'est même perpétuée dans l'Église grecque pour désigner la partie de la cérémonie où est figurée la passion du Christ [6]. C'est bien la langue des Mystères, plus que celle de l'Évangile.

On pourrait croire qu'il s'agit de simples métaphores, et telle est sans doute la portée des termes employés par l'Apôtre Paul. Son « Mystère » est la Révélation ouvertement prêchée à tous ; son « initié » désigne tous les chrétiens. Toutefois il n'en est plus de même, quand nous arrivons aux documents du IIIe et du IVe siècle, où nous allons voir que le culte a inconsciemment adopté les idées avec les mots [7].

1) Ἅγιος γίνομαι μυούμενος, ἱεροφαντεῖ δὲ ὁ κύριος καὶ τὸν μυστήν σφραγίζεται φωταγωγῶν. *Protreptique*, XII, 120.

2) Voir, pour cette terminologie, les références données dans les ouvrages précités et surtout Hatch (*Greek Influence*, pp. 295 à 298).

3) Basile, *De spirit. sanct.*, XXVII. Paris, 1730, t. III, p. 55. — Sozomène, *Hist. eccles.*, I, 20 éd. de Cambridge, p. 39.

4) *Apostol. Constit.* (dans Mansi, *Concilia*, éd. 1759, t. I), lib. II, c. LVII.

5) Cyril. Hierosol., *Catech. mystag.*, I. Oxford, 1703, p. 277.

6) *Rituale graecum* dans Maury, *Rel. de la Grèce antique*, t. II, p. 301.

7) Pour les termes, σφραγίς, σφραγίζειν, φωτισμός, φωτίζειν, cf. spécialement

### Distinction des catéchumènes et des fidèles.

Il est superflu de faire observer qu'aucune distinction de ce genre n'existait aux temps apostoliques. Les *Actes* établissent surabondamment que juifs ou païens n'avaient aucun stage à faire, une fois qu'ils se déclaraient convertis par la prédication de l'Évangile. Aussitôt convertis, aussitôt baptisés[1]. Mais dès la fin du II siècle, les chrétiens eux-mêmes sont partagés en deux Ordres ou classes, séparées par le baptême. « Les chrétiens, écrit Origène, avant de recevoir dans leurs assemblées ceux qui veulent être leurs disciples, leur font diverses exhortations pour les fortifier dans le dessein de bien vivre ; enfin ils les admettent, quand ils les voient dans l'état où ils les désirent et ils en font un Ordre à part (ἴδιον τάγμα) ; car ils en ont deux parmi eux ; composés, l'un, des initiés qui le sont depuis peu et qui n'ont pas reçu le symbole de leur purification ; l'autre, de ceux qui ont donné toutes les preuves possibles de leur résolution de ne jamais abandonner la profession du christianisme[2]. » Tertullien signale même comme une marque d'hérésie l'absence de cette distinction parmi les adeptes de certaines sectes : « On ne sait chez eux qui est catéchumène, qui est fidèle. Ils ne sont pas plus tôt auditeurs qu'ils se joignent aux prières, et leurs catéchumènes sont parfaits avant d'avoir terminé leur instruction »[3]. Nous avons ici la triple classification : auditeurs ; catéchumènes et fidèles. Elle n'est pas moins marquée dans divers passages des *Constitutions Apostoliques*[4].

Wobbermin, pp. 143-145. — M. Wobbermin retrace également dans l'orphisme les antécédents des termes ὁμοούσιος et μονογενής.

1) *Actes*, II, 38, 41 ; VIII, 12, 13, 36-38 ; x, 47-48 ; XVI, 15, 33 ; XVIII, 8 ; XIX, 5.

2) Origène, *Contra Celsum*, lib. III, 481 (Migne).

3) « Ante sunt perfecti quam edocti ». Tertullien, *De præscr. hæret.*, XLI. *Opera*, Paris, 1630, t. II, p. 95.

4) *Apostol. Constit.*, lib. VIII, cap. VI-XIII.

On passait d'auditeur catéchumène, en se soumettant aux prescriptions d'un rituel spécial. Il y avait là comme un premier degré d'initiation qui comprenait : 1° une exsufflation accompagnée ou suivie de formules d'exorcisme; 2° le tracé du signe de la croix sur le front[1]. — C'est ainsi qu'à Éleusis les aspirants à la plénitude de l'initiation devaient d'abord passer par les petits Mystères, qui se composaient surtout de cérémonies purificatrices. J'ai exposé précédemment que ces cérémonies formaient invariablement dans l'antiquité le préliminaire des initiations[2]. Le rapprochement a dû se présenter de lui-même à l'esprit des Pères grecs, car nous les voyons décerner aux diacres chargés d'accomplir les exorcismes le titre de Cathartistes (καθαρτικοί), qui rappelle directement le terme κάθαρσις appliqué à cette partie des Mystères. — Un passage des *Catéchèses* de Cyrille implique que le néophyte se tient la tête voilée, pendant qu'on prononce les formules de conjuration[3]. N'est-ce pas la scène peinte sur un vase antique, où on voit le néophyte assis sur un siège, la tête voilée, tandis qu'une prêtresse agite sur sa tête le van mystique[4]?

Les catéchumènes occupaient une place spéciale à l'entrée de l'église et assistaient à la célébration de la partie de l'office dénommée « messe des catéchumènes »; elle se composait de chants, de prières, d'homélies et de lec-

---

1) Duchesne, *Origines du culte chrétien*, p. 285 et suiv. — Mgr Duchesne, qui intitule son chap. ix : « L'initiation chrétienne », s'y exprime en ces termes : « Les catéchumènes étaient considérés comme appartenant à la société chrétienne, comme chrétiens ; les rituels qui consacrent l'entrée des catéchumènes dans cette catégorie inférieure portent dans les vieux livres liturgiques la rubrique : *Ad Christianos faciendum* ou une autre du même sens. »

2) Cf. l'article *Lustratio* de M. Bouché-Leclercq dans le Dictionnaire de MM. Daremberg et Saglio : « Les cultes mystiques étaient de véritables officines de purifications, d'où l'on sortait tout prêt à affronter le voyage d'outre-tombe, allégé de ses fautes, marqué du sceau (σφραγίς) des élus et assuré de la bienveillance des divinités souterraines » (fascic. 31, p. 1424, col. 1).

3) Ἐσκέπασταί σου τὸ πρόσωπον. Cyril. Hierosol., *Praefat. catech.*, V (éd. d'Oxford, 1703, p. 7).

4) Voir plus haut, p. 4.

tures[1]. On pouvait rester catéchumène toute la vie. Ceux qui voulaient prendre place parmi les fidèles avaient à subir une nouvelle initiation. — C'est ainsi que les initiés des petits Mystères, s'ils voulaient être admis aux grands, devaient tout d'abord se soumettre à une nouvelle série d'épreuves et de lustrations. Le parallélisme a frappé même les Pères qui ont attaqué les Mystères païens avec le plus d'énergie, tels que Clément d'Alexandrie[2].

### La Discipline du Secret.

J'ai constaté plus haut qu'au témoignage des Actes des Apôtres, la doctrine ni les rites des premières communautés n'avaient rien de secret. La situation reste la même dans la Didachè ; celle-ci se borne à recommander de ne pas donner l'eucharistie aux non-baptisés, « car c'est de ceci que le Seigneur a dit : Ne donnez pas le Saint aux chiens »[3]. Encore vers le milieu du IIe siècle, Justin Martyr dans l'*Apologie* qu'il adresse à Antonin le Pieux, c'est-à-dire à un empereur païen, décrit sans hésitation la célébration du baptême et de la cène[4]. Mais, au commencement du IIIe siècle, Tertullien et Origène constatent l'existence de rites et de formules qu'il est interdit de révéler aux non initiés. Tertullien, Origène, Basile n'hésitent pas à justifier cette interdiction par l'exemple des Mystères païens[5]. Celse en avait fait un grief aux chrétiens.

---

1) Mgr Duchesne fait observer que c'est toute la partie du culte chrétien directement empruntée à la synagogue. *Origines*, p. 59.

2) *Stromat.*, V, 4.

3) *Didachè*, IX, 5.

4) Justin Martyr, *Apolog.*, I, ch. LXI, éd. d'Iéna, pp. 257 et ss.

5) Mgr. P. Batiffol a récemment publié un volume intitulé *Études d'histoire et de théologie positive* (Paris, 1902), où il maintient que la discipline de l'Arcane ne fut jamais une loi de l'Église, mais simplement « une règle catéchétique dont on exagère la portée. De fait, aucun concile ne l'a formulée ». — Dans un compte-rendu, plutôt sévère, malgré la courtoisie de la forme, M. A. Van Hove, professeur d'histoire ecclésiastique à l'Université de Louvain, répond (*Bulletin*

Origène lui répond : « On peut remarquer la même chose dans toutes les sectes de philosophes qui ont certains dogmes extérieurs et d'autres moins exposés à la vue de chacun... Et pourtant, dans tous les Mystères, soit des barbares, soit des Grecs, on n'a rien trouvé à redire à l'observation du secret[1] ».

Il arrive fréquemment qu'Origène et ses successeurs dans la prédication chrétienne, quand ils traitent de questions en rapport avec les sacrements, s'interrompent brusquement pour s'écrier : « Les initiés savent ce que je veux dire ! » — C'est littéralement la formule dont se servent Pausanias, Plutarque, Apulée, quand ils effleurent des sujets dont les Mystères se réservent le monopole.

Cette partie ésotérique du christianisme comprenait non seulement la célébration du baptême et de la cène[2], mais encore les formules sacramentelles, ainsi que les termes du *pater* et du *credo*. Ces symboles devaient être appris par cœur et exclusivement récités de mémoire. Le texte n'en figure même pas dans la *Catéchèse* où Cyrille explique aux nouveaux baptisés le canon de la messe. « Prenez garde, écrit-il, de ne pas divulguer ces choses, non pas qu'elles soient indignes d'être redites, mais parce que des oreilles profanes ne sont pas dignes de les entendre[3]. » De même, Sozomène s'abstient de reproduire le symbole de Nicée dans son *Histoire ecclésiastique* « parce que des non initiés pourraient avoir accès au livre[4]. »

Dans les églises d'Orient, l'autel, parfois l'abside étaient cachés par un voile qu'on levait après la sortie des catéchumènes[5]. Ceux-ci devaient se retirer quand l'officiant pro-

---

*bibliographique du Musée Belge*, avril 1903) : « Ne discutons pas sur les mots : un usage ne peut-il avoir force de loi ? Quel concile a donc établi le catéchuménat et fixé tant de points de la discipline ecclésiastique ? »

1) *Contra Celsum*, lib. I, 326 (Migne).

2) « Qu'est ce qui chez nous est secret et non public, écrit saint Augustin ? Les sacrements du baptême et de l'eucharistie » (*In Psalmum* CIII).

3) Cyril. Hierosol., *Præfat. catechcs.*, VII, p. 10.

4) οὐ γὰρ ἀπεικὸς καὶ τῶν ἀμυήτων τινὰς τῇδε τῇ βίβλῳ ἐντυχεῖν. *Histor. eccles.*, I, ch. xx, éd. de Cambridge, p. 39.

5) « Ce voile, écrit Mgr Duchesne, est encore en usage dans les rites

nonçait la formule : « Les choses saintes aux saints ». Un diacre s'avançait alors en disant : « Que personne ne reste des catéchumènes, des auditeurs, des infidèles, des hérétiques. Ceux d'entre eux qui ont participé aux premières prières, qu'ils sortent. Que les mères emportent leurs enfants[1]. » Substituez aux termes d'infidèles, d'auditeurs, de catéchumènes ceux d'athée, d'épicurien, de chrétien, vous aurez la formule par laquelle Alexandre le Paphlagonien faisait l'ouverture de ses Mystères[2]. Nous avons vu qu'au début des grands Mystères l'hiérophante d'Éleusis proclamait en termes analogues l'exclusion de ceux qui n'avaient pas la voix intelligible et la conscience pure. D'après les Constitutions apostoliques, le diacre devait demander encore : « Que nul ne reste, s'il a une querelle avec un autre ou s'il est entaché d'hypocrisie ! (ἐν ὑποκρίσει)[3] ».

### Les degrés de l'initiation chrétienne.

Les divers épisodes de l'initiation aux Mystères chrétiens sont énumérés dans le curieux et important passage où Tertullien décrit les vertus spirituelles de ces opérations : « Le corps est baigné afin que l'âme soit lavée de ses taches ; le corps est oint, afin que l'âme soit consacrée ; le corps est muni du signe, afin que l'âme soit fortifiée ; le corps est ombragé (*adumbratur*) sous l'imposition des mains, afin que l'âme soit illuminée par l'Esprit ; le corps est nourri de la chair et du sang du Christ, afin que l'âme se repaisse de Dieu[4] ». Nous avons ici le baptême, l'onction, le signe de croix, l'imposition

orientaux ; on le tend devant la porte centrale de l'iconostase ; il est tiré et ramené aux moments indiqués dans les anciennes liturgies. » *Orig. du culte chrétien*, p. 79.

1) *Apostolic. Constit.*, lib. VIII, cap. xii. — La formule latine était : *Si quis catechumena est, recedat*, etc.

2) Lucien, *Alexand.*, 38.

3) *Apost. Const.*, VIII, 12. — Cf. *Didaché*, XIV, 2.

4) Tertullien, *De Resurrect. carnis*, ch. viii. *Opera* (1630), t. II, p. 553.

des mains et la communion, dans l'ordre où se succédaient ces sacrements.

J'ai rappelé qu'aux temps apostoliques le baptême suivait immédiatement la conversion. Le rituel était des plus simples. Le néophyte était plongé dans l'eau d'un bassin ou d'une rivière ; un membre de la communauté prononçait sur lui la formule : « Je te baptise au nom de Jésus-Christ[1] », ou : « Je te baptise au nom du Père, du Fils et du Saint-Esprit[2] » ; puis un des anciens lui imposait les mains. A l'époque où fut rédigée la *Didachè*, il ne semble pas que le baptême exigeât l'intervention d'un ministre spécial. « Celui qui baptise (ὁ βαπτί-ζων) » semble s'entendre de n'importe quel membre de la communauté[3]. On commence à parler d'une instruction morale préalable, mais sans la réglementer ; on se borne à prescrire un jeûne avant la cérémonie[4]. A partir de Justin Martyr, le baptême est désigné par des expressions empruntées aux initiations païennes (σφραγίς, φωτισμός, μυστήριον) ; bientôt il ne sera plus conféré qu'une fois par an. Parfois, comme dans les cas bien connus de Constance et de Constantin, il sera différé jusqu'à la fin de la vie. C'est qu'il a cessé d'être la condition préalable de l'entrée dans les rangs de la société chrétienne, pour devenir le couronnement de l'initiation à un degré supérieur des Mystères.

Les catéchumènes qui aspiraient à cette nouvelle initiation, formaient la catégorie des Élus ou Compétents (φωτιζό-μενοι, ceux qu'on illumine). Ils devaient d'abord se prêter à une série d'instructions et d'exercices qui avaient lieu pendant le carême. Ces séances se nommaient des *scrutins*, soit parce que les néophytes y étaient soumis à de nouvelles épreuves, soit parce que les fidèles y étaient appelés à se prononcer sur l'admissibilité des candidats. Voici comment se passait le premier scrutin d'après le manuscrit de la

1) *Actes*, ii, 38 ; viii, 16 ; x, 48.
2) *Math.*, xxviii, 19.
3) *Didachè*, vii, 3.
4) *Id.*

*Pérégrination de Sylvie*[1] qui décrivit le culte chrétien de Jérusalem à la fin du IV<sup>e</sup> siècle : L'évêque demandait aux voisins de chaque candidat : « Est-il de bonnes mœurs? Est-il obéissant envers ses parents? N'est-il pas intempérant ou vain, etc.? » L'évêque inscrivait alors le nom de ceux qui avaient obtenu des témoignages favorables et renvoyait chacun des autres en ajoutant : « Qu'il se corrige et quand il sera corrigé, qu'il vienne alors recevoir le baptême ». L'étranger qui n'avait pas su trouver de répondants n'était pas facilement admis[2].

N'est-ce point là encore une fois la séance initiale des grands Mystères où l'hiérophante, avant l'inscription des candidats, enjoignait de se retirer à tous ceux qui ne réunissaient pas les conditions morales exigées des mystes?

Ici également l'analogie est constatée par Origène, quand il reproduit cette phrase de Celse : « Lorsqu'on célèbre les Mystères des autres religions, on n'initie que ceux qui ont les mains pures et la langue discrète, ou ceux qui sont exempts de tout crime, dont l'âme n'est travaillée d'aucun remords, qui ont toujours bien et justement vécu[3] ».

Immédiatement après l'inscription commençaient les purifications et les exorcismes qui se prolongeaient à Rome pendant sept séances[4]. (Nous avons vu qu'à Athènes, ils prenaient les trois premiers jours des grands Mystères). — Dans l'avant-dernier scrutin, on faisait la *tradition* du symbole. Cette cérémonie, dans le rituel romain, portait le nom significatif de « Ouverture des oreilles[5] ». Le dernier scrutin avait lieu la veille de Pâques, jour fixé pour le baptême; on y pro-

---

1) Le texte latin est publié en appendice dans l'ouvrage de Mgr Duchesne, *Origines du culte chrétien*, p. 472 et suiv. — Cette Silvia était originaire de la Gaule; suivant certains auteurs elle aurait été la sœur du célèbre Rufin.

2) *Peregrin. Silviae*, dans Duchesne, *Orig. du culte chrétien*, p. 499.

3) Origène, *Contra Celsum*, lib. III (éd. Migne, 486).

4) Les Mystères de Mithra comprenaient sept degrés d'épreuves par lesquels devaient passer les néophytes. Peut-être les différents scrutins auraient-ils fini par se développer en autant d'initiations successives, si l'évolution de la liturgie chrétienne n'avait cessé de se poursuivre dans cette voie.

5) Duchesne, *Orig.*, pp. 286 et ss.

cédait-à la *reddition* du Symbole, où le candidat devait prouver qu'il savait par cœur le texte du *Credo*[1].

Les Sacramentaires romains nous montrent ensuite les Élus, se formant en une procession, qui, guidée par le pape et ses clercs, gagne le baptistère en chantant des litanies. Précédé de deux diacres qui portent chacun un long cierge, le cortège pénètre dans l'édifice tout brillant de lumière. Le souverain pontife consacre l'eau de la piscine en soufflant sur la surface, en y dessinant le signe de croix et en y déversant de l'huile préalablement consacrée ; ensuite les diacres plongent dans l'eau leurs cierges allumés. Le but de cette dernière opération est clairement indiqué dans le *Missale Romanum* aujourd'hui encore en vigueur, lorsque, pendant l'office du samedi saint, on fait dire au prêtre qui plonge trois fois dans le fonts baptismal le cierge pascal préalablement allumé au moyen du briquet : « Que par sa vertu il féconde toute la substance de cette eau[2] ». — Chez les Grecs l'action purificatrice de l'eau était fréquemment accrue par l'immersion de tisons ou de torches dont la flamme avait été empruntée aux autels ; c'était une façon d'ajouter l'action lustrale du feu à celle de l'eau[3]. — L'insufflation représentait le troisième mode de purification que nous avons vu en usage dans le paganisme classique. L'eau du baptême renfermait ainsi les trois éléments essentiels par lesquels devait naguère passer l'initié aux Mystères.

Assurément, il serait absurde de prétendre que les chrétiens ont emprunté à la Grèce le plus ancien de leurs rites[4].

1) Dans l'Église syrienne, tout n'était pas dit encore. Les candidats étaient invités à descendre dans la crypte du Saint Sépulcre, pour y recevoir la communication d'un « Mystère supérieur » qui était la formule même du baptême, « verba quæ sunt mysterii altioris, id est ipsius baptismi quæ adhuc catechumeni audire non potestis ». *Peregrin. Silv.*, dans Duchesne, p. 500.

2) *Missale Romanum*, éd. de Tournay, 1879, p. 270.

3) Euripide, *Hercule furieux*, vers 928 ; Aristophane, *Paix*, 959. Cf. Bouché-Leclercq au mot *Lustration* dans le Dictionnaire de MM. Daremberg et Saglio, t. V, p. 140 s.

4) Le baptême était pratiqué chez les Juifs avant la venue du Christ. Maïmonide le place à côté de la circoncision, comme marquant l'introduction des prosélytes dans le judaïsme (Sabatier, *La Didachè*, p. 85). Dès les premiers

Il n'en est pas moins vrai que l'usage identique du bain lustral a pu amener un rapprochement avec les Mystères et faciliter l'emprunt de rites complémentaires entièrement étrangers au christianisme primitif, comme les lustrations par l'huile et par le feu. « Ce n'est pas sans raison, constate Clément d'Alexandrie, que dans les Mystères en usage chez les Grecs, les lustrations tiennent la première place[1] ». Le jeûne qui précède le baptême et la communion, est un autre point commun avec les pratiques d'Éleusis.

Cependant les néophytes ont prononcé la formule de renonciation à Satan, en se tournant vers l'Occident, région des ténèbres ; puis le texte du symbole, en se tournant vers l'Orient, séjour de la lumière. Ils sont déshabillés et introduits dans la piscine. L'évêque, après leur avoir posé trois questions où se résume le *Credo* et reçu les réponses qu'ils y font, prononce sur eux la formule du baptême; aussitôt ils sortent de l'eau et ayant revêtu une robe blanche reçoivent sur la tête l'onction de l'huile consacrée. On les mène alors au *signatorium* où le pontife leur trace sur le front le signe de la croix avec le pouce préalablement trempé dans le saint-chrême. Dès ce moment ils sont scellés, *consignati*. — Nous ignorons si, à Éleusis, les mystes ou les époptes étaient marqués d'un signe ; mais le rite existait dans d'autres Mystères, tels que ceux de Mithra[2], en vue d'indiquer soit que les initiés avaient passé par certaines épreuves, soit qu'ils appartenaient à un nouveau Maître.

Voici que le cortège se reforme et se rend dans la Basilique. Chacun des initiés tient un cierge en main. Dans la liturgie alexandrine, il revêt en outre une couronne[3].

____

temps du christianisme il apparaît avec le double caractère de purification et d'illumination qu'il avait également revêtu dans les Mystères. L'expression φωτισθέντες se rencontre déjà dans l'*Ép. aux Hébreux*, vi, 4.

1) Clément d'Alexandrie, *Stromat.*, V, 4.

2) (Mithra) « signat illic in frontibus milites suos ». Tertullien, *De præscript. hæretic.*, ch. xl. (*Opera*, Paris, 1630, t. II, p. 92.)

3) E. Hatch, *Influence of Greek Ideas and Usages*, p. 298.

— C'est bien la procession d'Éleusis où les mystes vêtus de blanc, une couronne sur la tête, un flambeau à la main, comme on peut le voir dans le bas-relief dessiné par Spon[1], défilaient au chant des hymnes en se dirigeant vers le sanctuaire. — La Basilique est toute resplendissante de lumière ; l'image du Christ s'y révèle au milieu des anges, sous un flot de clarté. Les descriptions de Chrysostome, de Cyrille, du Pseudo-Aréopagite semblent ici rivaliser avec celles de Claudien, de Themistius et de Plutarque, qui nous montrent les portes du télestérion s'entr'ouvrant au chant des hymnes pour découvrir la Divinité rayonnante d'un éclat céleste. La cérémonie continuait par la célébration de la Messe, où les initiés communiaient dans un calice qui renfermait non pas du vin, mais, comme le cycéon de la communion éleusinienne, un mélange d'eau, de lait et de miel, « afin, explique un vieil auteur, de leur faire comprendre qu'ils sont entrés dans la Terre promise[2] ».

L'office s'était prolongé jusqu'à l'aurore. Le soir venu, on se réunissait de nouveau dans la Basilique pour la célébration des vêpres ; après quoi l'on conduisait les nouveaux initiés visiter les principales églises de la ville. Sylvie nous apprend qu'à Jérusalem la visite comprenait le mont des Oliviers, le jardin de Gethsémané, la colonne de la Flagellation, le Golgotha, en un mot tous les lieux illustrés par la passion du Christ[3]. Ce pèlerinage qui se renouvelait plusieurs soirées, dans la semaine de Pâques, ne rappelle-t-il pas la coutume analogue que nous avons constatée dans les Vigiles sacrées d'Éleusis, le soir du *dies lampadum*, où les mystes visitaient les principaux sanctuaires de la ville ainsi que les les lieux jouant un rôle dans la légende locale de Déméter[4] ?

1) Voir plus haut, p. 10, note 1.
2) Dans Hatch, *op. cit.*, p. 300. — Porphyre fait valoir que le miel avait des propriétés cathartiques, aussi bien que préservatrices, καὶ καταρθικῆς ἐστι δυνάμεω καὶ συντηρητικῆς, *De Antro Nymph.*, XV.
3) Duchesne, p. 486 et ss.
4) Les détails du baptême étaient à peu près les mêmes dans les Églises

Comment ces emprunts de la forme n'auraient-ils pas réagi sur le fond? Ce ne sont plus seulement les gnostiques qui attachent désormais une vertu intrinsèque et en quelque sorte mécanique à ce qui, pour l'auteur de la première Épître de Pierre, est encore un simple symbole de purification morale[1]. Tertullien et Irénée regardent le baptême comme doué d'un véritable pouvoir magique qui assure par lui-même la rémission des péchés, indépendamment des dispositions morales[2]. Pour d'autres, au contraire, tels que Clément d'Alexandrie, Grégoire de Nazianze, Basile, Jérôme, cette rémission exige la foi et le repentir comme accompagnements essentiels de l'immersion. — C'est la vieille question[3] si le brigand Paetacion est sauvé, parce qu'il a reçu l'initiation à Éleusis, et, dans les deux cas, la solution définitive sera la même : on admettra la nécessité d'une régénération morale, mais on n'en déclarera pas moins la célébration du rite indispensable au salut. Hermas fait descendre les Apôtres dans le Schéol pour baptiser les Patriarches et les justes de l'ancienne Alliance[4]. Clément d'Alexandrie, dans sa largeur d'esprit néoplatonicienne, leur fait baptiser également les païens dignes d'être sauvés[5].

### Le symbolisme chez les Chrétiens.

Le christianisme, dès ses origines, manifesta une tendance à se servir d'un langage imagé, et, par suite, symbolique.

d'Orient, sauf que la renonciation à Satan se faisait dans le vestibule du Baptistère et que les néophytes, avant d'entrer dans la piscine, étaient oints des pieds à la tête (Cyril. Hierosol., *Catech. Mystag.*, II, 4, pp. 285-286.

1) 1 Pierre, III, 21 : « Le symbole qui nous sauve, le baptême, n'est point celui par lequel sont enlevées les souillures de la chair, mais la promesse faite à Dieu d'une conscience pure ».

2) Tertullien, *Opera*, t. II, p. 147. Paris, 1630.

3) Voir plus haut, page 80.

4) *Pasteur d'Hermas, Similit.*, IX, 16. Leipzig, 1876, p. 233.

5) Clément d'Alexandrie, *Stromat.*, II, 9 ; cf. VI, 6.

C'est même là un des traits qui donnent le plus d'originalité
et de fraîcheur aux Évangiles. Mais ces images, comme on le
voit surtout dans les paraboles, ont pour objet de rendre la
pensée plus claire et plus attrayante. Au contraire, le symbolisme des Mystères païens avait pour double but de fixer certains enseignements en les dérobant aux profanes et de fournir aux initiés un moyen exclusif de se reconnaître entre eux.
A cette catégorie de symboles appartenaient entre autres : le
tableau qui, d'après l'auteur des *Philosophoumena*, décorait le
tabernacle de Phlya dans le sanctuaire de la Grande Déesse et où
se trouvait peinte « l'image de tous les dogmes exposés[1] » ; —
le groupe de Mithra tauroctone qui, suivant Firmicus Maternus, se rapportait au triomphe du feu[2] ; — l'épi de blé que
l'hiérophante d'Éleusis exhibait silencieusement dans l'époptie. — Tels étaient encore les tessères ou objets gravés d'i-
mages symboliques que les initiés emportaient de leur réception, *signa et monumenta a sacerdotibus tradita*, dit Apulée[3].
— Or toutes ces applications du symbolisme se retrouvent
dans les premières communautés fondées en terre païenne,
témoin l'art des catacombes[4].

Le Christ y est représenté par le Bon Pasteur ou même par
Orphée, le sage que l'auteur des *Philosophoumena* appelle
« celui qui fut par excellence le révélateur des initiations et
des mystères »[5]. L'immortalité de l'âme est figurée par la gracieuse image de Psyché ; le paradis par une vigne où grap-
pillent des colombes en compagnie de petits génies ailés. La
plupart des allégories, toutefois, sont empruntées, comme il
fallait s'y attendre, à l'Ancien Testament et à la tradition
évangélique : ainsi la Résurrection est représentée par Jonas

<hr>

1) *Philosophoumena*, V, 3 (éd. Cruice, p. 218).
2) Firmicus Maternus, *De errore prof. relig.*, iv.
3) Apulée, *Apolog.*, éd. Didot, p. 235.
4) Voir les ouvrages de Rossi, *Roma sotterranea christiana* (3 vol. 1864-1877)
et de Ch. Roller, *Les Catacombes de Rome* (2 vol. 1881).
5) τοῦ τὰς τελετὰς μάλιστα καὶ τὰ μυστήρια καταδείξαντος Ὀρφέως. *Philosoph.*,
V, 3. — Cf. Aristophane, *Ranæ*, 1032.

sortant de la baleine, Lazare quittant son tombeau, Élie enlevé au ciel sur un char [1]. La Croix se révèle ou se dissimule sous les images les plus diverses : ancre, trident, mât de navire, etc. Les allusions au baptême et à la cène sont très indirectes : c'est Moïse faisant jaillir l'eau d'un rocher avec sa verge ; un pêcheur jetant sa ligne dans le fleuve ; le paralytique qui sort de la piscine en emportant son lit de malade ; — le sacrifice d'Abraham; une table avec des pains et un poisson ; les sept corbeilles dans le miracle de la multiplication des pains, etc.

Le symbole par excellence, celui qui semble avoir donné à la fois le mot de passe et le signe de reconnaissance, c'est le cryptonyme de Jésus-Christ, fils de Dieu, Sauveur : ἰχθύς [2]. On gravait la représentation figurée du poisson sur des chatons de bagues, des lampes, des pierres tombales, etc. Il y avait aussi des tessères en forme de poisson qui ont pu jouer un rôle analogue à celui des contre-marques retrouvées dans les environs d'Éleusis ; celles-ci portaient un symbole en rapport avec les Mystères [3]. — Le symbolisme du poisson ne semble pas antérieur à la fin du second siècle ; c'est-à-dire à l'époque où le culte chrétien prit la forme d'un Mystère [4].

Les Grecs appliquaient le terme de symbole non seulement aux signes et aux images, mais encore aux formules sacramentelles dont la connaissance était réservée aux initiés. C'est avec cette signification que le mot apparaît chez les chrétiens du IVe siècle [5]. Il y a sans doute cette grande diffé-

---

1) M. Cumont a démontré que ce dernier thème est directement copié sur les représentations mithriaques d'Hélios faisant monter Mithra dans son char (*Mystères de Mithra*, t. I, p. 178).

2) « Le Christ, dit Origène, qui est figurativement appelé Poisson » Χριστός ὁ τροπικῶς λεγομένος ἰχθύς (*Comment. in Matt.* XIII, éd. Migne, 584). Les chrétiens allaient jusqu'à se dire « fils du Poisson » (saint Jérôme, *Epit.* 7, Migne, 339).

3) *Bulletin de correspondance hellénique*, 1884, pl. II.

4) Roller, *Catacombes*, t. 1, p. 107.

5) Firmicus Maternus, parlant des formules en usage dans les Mystères, écrit : « Habent enim propria signa, propria responsa, quæ illis in ipsis sacrilegiorum coetibus diaboli tradidit disciplina » (*De errore prof. relig.*, X).

rence avec les formules ésotériques des Mystères que celles-ci étaient à double sens, c'est-à-dire qu'en dehors de leur interprétation littérale elles devaient avoir une signification seconde et cachée, tandis que le texte du symbole chrétien disait clairement ce qu'il voulait dire[1]. Mais l'usage même du terme Symbole prouve que les chrétiens, quand ils l'employèrent, avaient l'esprit tourné vers les usages des Mystères.

La *traditio Symboli* ne se bornait pas à la communication du *Credo*, elle comprenait également le texte du *Pater* et, à Rome, celle des autres documents essentiels du christianisme, *instrumenta sacrosanctae legis*. Bien plus, on y faisait pour la première fois passer sous les yeux du néophyte le corps même des quatre Évangiles. Quatre diacres les apportaient solennellement de la sacristie, pour les déposer respectivement aux quatre coins de l'autel. Si on y ajoute les communications d'objets sacrés qui s'opéraient au cours de la messe, on retrouve l'équivalent de la παράδοσις τῶν ἱερῶν, où l'hiérophante d'Éleusis exhibait aux initiés les *hièra* du télestérion et leur enseignait les formules mystiques, en y joignant sans doute quelques explications[2].

---

1) Cependant vers le vᵉ siècle, à Jérusalem, le symbole formait l'objet d'une double interprétation, l'une littérale et l'autre spirituelle; c'est du moins ce que dit la Pérégrination de Silvia (*primum carnaliter et sic spiritualiter, ita et symbolum exponet*; dans Duchesne, *Origines*, p. 500). Certaines sectes gnostiques possédaient des symboles se rapprochant de ceux qui étaient employés dans les Mystères. Telle cette formule équivoque que Celse reproche abusivement aux chrétiens et qu'Origène rejette avec une indignation légitime au compte des Ophites : « Celui qui applique le sceau s'appelle le Père; celui qui le reçoit le Fils ou le Jeune; ce dernier doit dire : « Je suis oint de l'onction blanche, prise de l'Arbre de vie » (Κέχρισμαι χρίσματι λευκῷ ἐκ ξύλου ζωῆς. *Contra Celsum*, lib. VI, 650 (Migne).

2) Mgr Duchesne croit retrouver une représentation figurée de la *traditio symboli* dans une scène plusieurs fois représentée parmi les monuments chrétiens des catacombes : le Christ assis sur un trône au sommet d'une montagne d'où s'échappent les quatre fleuves; autour de lui les Apôtres ou d'autres fidèles qui reçoivent un livre sur lequel est écrit : *Dominus dat legem*. Duchesne, *Origines*, p. 291.

## Le Rituel de la messe.

Il me reste à parler de la messe proprement dite, ou plutôt de la cène qui en formait la partie centrale et qui constituait, plus encore que le baptême, le Mystère par excellence. — C'est ainsi qu'à Éleusis il y avait originairement deux espèces de rites : ceux qui avaient pour objet d'introduire le néophyte dans la vie mystique et ceux qui devaient lui permettre de réaliser l'objet des Mystères. Plus tard ils se confondirent. Mais il dut toujours y avoir une distinction entre les rites auxquels les adeptes participaient une fois dans leur vie, au moment de leur initiation, et ceux auxquels ils prenaient part chaque fois qu'ils revenaient assister à la célébration des Mystères [1].

La cène, il est inutile de le rappeler, était aux temps apostoliques un repas pris en commun dans le double but de rappeler la dernière agape de Jésus et d'affirmer l'existence d'un lien consubstantiel tant entre les participants qu'entre ceux-ci et leur Maître. La Didachè mentionne simplement les formules d'actions de grâce à prononcer pour consacrer à Dieu le pain et le vin, dont chaque fidèle apportait sa part [2]. Peu à peu l'agape fut séparée de l'eucharistie et finalement supprimée. Je n'ai pas à m'occuper ici de l'évolution de la cène au point de vue doctrinal. Les seuls points que j'en doive retenir sont les suivants : 1° Au IIIe siècle, l'eucharistie est devenue un sacrifice dont l'efficacité dépend des formules pro-

---

1) Voir plus haut, ch. I.

2) Ch. IX, 1 : « C'est l'agape ou mieux la communion au sens strict du mot, — écrit M. P. Sabatier dans son Commentaire de la *Didachè*, p. 104. — La participation au même vin et au même pain est considérée comme un lien réciproque et rien absolument ne vient transformer ce repas en un mémorial de la mort de Jésus ».

noncées par le prêtre lui-même, tenu pour le sacrificateur par excellence. 2° Tandis que, pour les uns, comme Clément d'Alexandrie, elle est restée un symbole mystique, pour d'autres elle est devenue une opération réaliste et magique tendant à procurer la vie éternelle ; un philtre d'immortalité (φάρμακον ἀθανασίας) [1]. 3° Elle est universellement tenue pour un Mystère, non seulement en ce sens que sa donnée dépasserait la compréhension humaine, mais encore en ce qu'elle constitue un rite dont la contemplation ou même la connaissance doivent être soigneusement cachées aux non-initiés. 4° Elle s'est entourée de cérémonies qui nous ramènent encore une fois aux Mystères des Grecs, et en particulier à Éleusis.

Ces cérémonies constituent la partie essentielle de la messe, célébrée à portes fermées après la sortie des catéchumènes. On y commémore symboliquement non plus seulement la dernière cène, mais encore la passion, la mort et la résurrection du Christ. — Ici également il y a parallélisme avec les rites de l'époptie, où la passion d'un Dieu est représentée dans des rites dont la célébration assurait aux participants les félicités de la vie posthume. Je ne sache pas que les divinités des Mystères païens, Dionysos, Corè, Attis, Adonis, Osiris, aient jamais été dépeintes comme ayant *volontairement* affronté la souffrance et la mort pour assurer le salut de leurs fidèles. Mais par leur passion et leur résurrection ces dieux n'en ont pas moins joué le rôle de Sauveur que nous retrouvons dans la conception du Messie chrétien [2]. — Il n'est pas jusqu'à l'absorption de la chair et du sang divins en vue de s'assurer le bienfait d'une vie supérieure qui n'ait un équivalent grossier dans ce rite de l'omophagie qu'un écrivain ap-

1) Voy. Harnack, *Précis*, p. 15 et 67.
2) MM. Anrich (ch. III) et Wobbermin ont mis en lumière que les Pastorales et les Épîtres d'Ignace, quand elles appliquent à Jésus l'épithète de Sauveur, donnent à ce terme la signification qu'il comportait dans les Mystères (Wobbermin, *Antike Mysterienwesen*, p. 105 et ss).

partenant à l'orthodoxie protestante a dénommé « une eucharistie mythologique » [1].

D'après les Sacramentaires, la messe commence par des prières pour l'Église, pour l'évêque et son clergé, l'empereur, les malades, les pauvres, les voyageurs, même les hérétiques, les juifs, et les païens. — A Éleusis également on commençait les Grands Mystères par des sacrifices « pour le Sénat et le peuple, pour le bien des femmes et des enfants » [2]. — Ces prières terminées, l'évêque descend recevoir, avec l'aide de ses clercs, les oblations de pain, de vin et d'huile qu'ont apportées les fidèles. — C'est ainsi qu'à Éleusis on présentait les prémisses de la moisson, soit en gerbes, soit sous forme de gâteaux. — L'archidiacre choisit, parmi les oblations, les pains qui doivent servir à la communion et les range sur l'autel à côté du calice qu'il emplit. Dans la liturgie orientale, où les oblations du peuple ont disparu de bonne heure, cette préparation se faisait, avec des prières consécratoires et des rites particuliers avant l'entrée solennelle du clergé officiant. Il semble qu'il y ait eu là une tentative pour greffer un Mystère sur un autre [3]. Cette cérémonie, la plus importante peut-être de toute la messe, s'accomplissait sur un autel spécial, la $\pi\rho\delta\theta\epsilon\sigma\iota\varsigma$, hors de la vue des fidèles ; le clergé seul pouvait y assister. Aussitôt qu'elle était terminée, les objets sacrés, c'est-à-dire le calice, la patène et le tabernacle qui renfermait les pains, étaient enveloppés dans trois voiles, tissus de lin, de soie, d'or et de pierres précieuses, puis portés processionnellement sur l'autel principal, pendant que le chœur entonnait un *keroubicon* ou un *alleluia* [4]. — On se rappelle [5] que les *hièra* destinés à la célébration des Mystères étaient

---

1) E. de Pressensé, *L'Ancien Monde et le Christianisme*. Paris, 1887, p. 463.

2) Cf. Fr. Lenormant dans *Daremberg et Saglio*, t. II, 1re part., p. 566, col. 1.

3) La formule qui servait à consacrer les éléments était secrète. Basile fait observer que les paroles de l'invocation eucharistique ne figurent point parmi les rites et les doctrines confiées à l'écriture, bien qu'elles fussent d'origine apostolique. *De Spiritu Sancto*, XXVII, (Paris, 1730, t. III, p. 55).

4) Duchesne, *Origines du culte chrétien*, p. 78.

5) Voir plus haut, p. 9.

solennellement transportés d'Athènes à Éleusis, cachés à tous les regards dans des sacs d'étoffe précieuse.

Vient ensuite la récitation du Canon où l'officiant développe l'origine et la signification de la cène, de même que le « drame mystique » exposait l'institution et la portée des rites établis par Déméter. — C'est à ce moment que se placent dans la liturgie romaine, au jour de l'Ascension, la bénédiction des fèves; le 6 août, celle du raisin, le Jeudi-saint, celle de l'huile destinée au soulagement des malades [1].

Alors seulement on procède à la cène. Celle-ci achevée, l'officiant prononce les actions de grâces; puis congédie l'assistance par la formule *Ite, missa est*, de même que l'hiérophante annonçait la fin des Mystères par la sentence encore inexpliquée : *Conx Ompax* [2], et que le grand-prêtre des Isiaques renvoyait sa congrégation par une véritable formule de congé, Λαοῖς ἄφεσις [3].

Il y aurait encore à montrer comment l'influence des Mystères a agi sur le développement de l'idée sacerdotale. Nous sommes loin, au iv° siècle, de l'époque où tous les chrétiens étaient appelés des prêtres [4]. Le prêtre, désormais, est l'hiérophante qui seul peut célébrer le sacrifice, parce que seul il connaît le dernier mot des Mystères. Le pseudo-Aréopagite a écrit ce curieux passage à propos de la cène : « Là où le plus grand nombre s'incline pour ne voir que des symboles divins, l'hiérarque, toujours sous l'inspiration de l'esprit théarchique, est amené, selon la manière d'un grand-prêtre, à saisir dans une bienheureuse et spirituelle contemplation les saintes réalités des Mystères [5] ». On ne peut s'empêcher de

1) Duchesne, *Origines*, p. 175.

2) Κόγξ ὀμπάξ ἐπιφώμενα τελεσμένοις (*Hesych. Lexic.*, Leyde, 1766, t. II; p. 290). Maurice Schmidt lit : Κόγξ ὁμοίως πάξ (Iena, 1860, t. II, p. 500); ce qui ne rend pas la formule plus claire.

3) Apulée, *Métamorph.*, XI, 17.

4) Cependant encore dans saint Augustin, *Cité de Dieu*, l. XX, ch. x (Migne, p. 676).

5) τῶν πολλῶν μὲν εἰς μόνα τὰ θεῖα σύμβολα παρακυψάντων, αὐτοῦ καὶ ἀεὶ τῷ θεαρχικῷ πνεύματι πρὸς τὰς ἁγίας τῶν τελουμένων ἀρχὰς ἐν μακαρίοις καὶ νοητοῖς

songer, ici, au passage de Théodoret, que j'ai reproduit plus haut[1] : « Tous ne connaissent pas ce que connaît l'hiérophante ; la plupart ne voient que ce qui est représenté. Ceux qui s'appellent prêtres accomplissent les rites des Mystères ; l'hiérophante seul sait la raison de ce qu'il fait et il la découvre à qui il le juge convenable[1] ».

Le sacrifice de la messe en vint à assumer un caractère propitiatoire, aussi bien qu'expiatoire. Il fut célébré pour faire cesser la sécheresse, mettre fin aux épizooties, assurer la fertilité des récoltes — revenant ainsi au but originaire des Mystères éleusiniens.

### Causes et destinées de l'ésotérisme chrétien.

Tous ces points de contact avec des institutions païennes étaient de nature à surprendre et à scandaliser les chrétiens aux prises avec les derniers défenseurs du paganisme. Deux explications se présentaient pour rendre compte de ces similitudes : ou bien c'était, chez les infidèles, l'écho affaibli et dévié des révélations transmises intactes aux chrétiens par les âges antérieurs. Ou bien c'était un artifice du diable qui s'ingéniait à caricaturer le vrai culte. *Habet ergo diabolus Christos suos*, dit Firmicus Maternus à propos de la résurrection de Dionysos dans les Mystères[2].

De nos jours ont surgi des explications moins fantaisistes, mais qui n'en semblent pas mieux fondées. On a mis en avant la nécessité où se trouvaient les premiers chrétiens de dérober leur culte à ses persécuteurs. Mais la discipline du Secret, comme nous le voyons dans la réfutation de Celse par Origène, faisait à cet égard plus de mal que de bien ; elle autorisait toutes les calomnies sans dissimuler la qualité de chrétien, que les persécutés confessaient jusque dans les supplices.

θεάμασιν, ἱεραρχικῶς ἐν καθαρότητι τοῦ θεοειδοῦς ἕξεως ἀναγομένου. (Dion. Areop., *Eccles. Hier.*, III, part. I, § 1, 2).

1) Théodoret, *De fide* (Paris, 1642, t. IV, p. 482).

2) *De errore prof. relig.*, XXIII.

Nous la voyons, du reste, se maintenir et même s'accentuer après le triomphe du christianisme, quand il ne peut plus être question de ce prétexte.

On a invoqué également le désir d'attirer des prosélytes par l'appât de révélations mystérieuses. Pareil calcul pouvait sourire à un Alexandre d'Abonoteichos; il est en contradiction absolue avec ce que nous connaissons de la simplicité et de la sincérité des premières communautés chrétiennes.

Hatch me paraît se rapprocher davantage de la vérité, quand il attribue cette transformation à l'affluence des convertis qui avaient quitté le paganisme et qui apportaient avec eux les procédés de culte auxquels ils étaient accoutumés [1]. D'autre part, comme le dit judicieusement M. Harnack, les Mystères étaient devenus, dans la société hellénique, une institution dont on ne pouvait plus se passer [2]. — Toutes les religions étrangères avaient dû se couler dans ce moule, qu'elles vinssent de l'Égypte ou de la Syrie, de la Chaldée ou de la Perse. Seul le judaïsme orthodoxe avait prétendu s'y dérober ; c'était là, pour sa propagande, une cause de faiblesse qu'évita le christianisme.

Néanmoins, ces attaches, conscientes ou non, aux formes du passé n'eussent pu décider les ecclésies chrétiennes à se servir des rites employés dans le paganisme, si ceux-ci, comme je l'ai montré au commencement du chapitre, n'avaient rompu toute solidarité avec le culte de certaines divinités déterminées. Désormais ils n'étaient plus que des symboles, des formes d'organisation ou des procédés de culte à la disposition de n'importe quelle foi : dès lors pourquoi les communautés helléniques du christianisme auraient-elles éprouvé quelque scrupule à en accepter le transfert et même bientôt à en réclamer le monopole?

D'ailleurs l'ésotérisme chrétien n'eut qu'un temps. Après

<hr>

1) Hatch, *Greek Influence*, p. 292.
2) Harnack, *Précis*, p. 15.

s'être maintenu jusqu'aux abords du vi<sup>e</sup> siècle, il disparut brusquement, presque sans soulever de discussion, alors que des réformes relatives à des points même secondaires du dogme, de la discipline et de la liturgie suscitaient d'incessantes controverses et de graves déchirements. La classe des catéchumènes se raréfia, à mesure que diminua le nombre des païens et que se généralisa l'habitude du baptême infantile. Le rituel de Constantinople a conservé jusqu'à nos jours la formule du renvoi des catéchumènes, mais la liturgie romaine du viii<sup>e</sup> siècle n'en renferme plus de traces. A la fin du vi<sup>e</sup>, la liturgie gallicane proclame encore ce renvoi, *juxta anticum Ecclesiæ ritum*. Mais, quand elle ordonne ensuite de surveiller les portes — pour empêcher l'entrée des profanes —, saint Germain de Paris interprète ce passage comme une allusion aux portes de l'âme[1]!

La tradition et la reddition du Symbole furent transposées parmi les instructions qui se donnaient aux enfants en vue de leur première communion. L'eucharistie devint une cérémonie publique. Les lieux de culte restèrent ouverts à tous, et, s'il subsiste aujourd'hui quelques vestiges de l'ésotérisme qui parut, durant plus de trois siècles, essentiel à la constitution de l'Église, c'est, dans le rite grec, la présence de l'iconostase qui se dresse entre la congrégation et le clergé; dans le rite latin, l'emploi d'une langue morte comme idiome liturgique, l'habitude de prononcer à voix basse l'oraison dominicale dans l'office et l'interdiction de lire les Écritures en langue vulgaire.

Cependant les rites empruntés aux Mystères antiques n'ont pas complètement disparu avec la discipline du Secret, laquelle a tant contribué à les introduire dans l'Église. Il en est qui se célèbrent encore sous nos yeux et, à cet égard, on ne peut s'exprimer en meilleurs termes que le théologien anglican dont les recherches ont si puissamment concouru à mettre en lumière les relations du christianisme avec les doctrines et les cultes

1) Duchesne, *Origines*, p. 194.

de l'hellénisme : « Dans le splendide cérémonial des Églises grecque et latine, écrit Edwin Hatch, dans l'éclat des lumières, dans l'isolation du rite central, dans la procession des porteurs de torches entonnant les hymmes sacrés, nous retrouvons la survivance, et parfois la survivance galvanisée, de ce que je n'ai pas le cœur d'appeler un rite païen ; car, bien qu'expression d'une foi moins éclairée, il n'en était pas moins offert à la Divinité par une âme aussi sincère que la nôtre dans sa recherche de Dieu et dans son aspiration vers la sainteté. »

La continuité des religions, tout antipathique qu'elle soit à certains théologiens, reste la meilleure preuve que la Religion a ses racines dans la nature humaine et que son développement peut se conformer à la loi générale du progrès.

# ERRATA

Page 17, note 3, au lieu de : *à la planche ci-dessus*, lisez : « en tête de ce mémoire ».

Page 26, note 1, au lieu de : *p. 462*, lisez : « p. 482 ».

Page 55, ligne 22, lisez : « Apollodore, Ovide, Claudien. Même les ».

Page 84, note 1, au lieu de : μίμηρα, lisez : μίμημα.

Page 90, note 1, au lieu de : *Orphaeus*, lisez : *Orpheus*.

Page 107, note 1, au lieu de : *Epist.*, XCV, lisez : *Epist.* XCV.

# TABLE DES MATIÈRES